RECUEIL DES ARRESTS DU CONSEIL D'ESTAT DU ROY,

Portant Diminution, Décharge & Exemption,

DE DROITS DE SORTIES ET ENTRÉES DU ROYAUME,

Et des Provinces où les Aydes n'ont Cours,

Sur les Marchandises, Denrées & Manufactures y Specifiées, tant de France, que des Païs Estrangers; En faveur du Commerce, & desdites Manufactures.

Rendus depuis le mois de Mars 1687. jusqu'à present.

A PARIS,
Chez THOMAS CHARPENTIER, à l'Entrée du Quay de Gévres, prés le Pont au Change, au Paradis.

M. DC. XCVIII.

AVERTISSEMENT.

Comme dans le Recüeil des Arrests cy-devant, pour la Levée & Augmentation de Droits aux Entrées & Sorties du Royaume, sur les Marchandises, Denrées & Manufactures y specifiées, tant de France, que des Païs Estrangers; Il y en a plusieurs qui Portent en mesme temps, Diminution, Décharge & Exemption d'iceux: On n'a pas estimé à propos de les mettre encore une fois dans celuy-cy, mais seulement les Titres desdits Arrests dans leur rang, & le Chifre de la Page où ils sont, afin de les trouver facilement, quand on en aura besoin.

ARREST
DU CONSEIL D'ESTAT DU ROY,

Du onziéme Octobre 1687.

QUI Décharge les Vins du Crû de la Province de Bourgogne, qui seront transportez d'icelle dans les Elections où les Aydes ont Cours, du Droit de Doublement de la Subvention, Créé par Declaration du mois de Juillet 1656. Conformément à l'Arrest dudit Conseil du onziéme Novembre 1669.

Extrait des Registres du Conseil d'Estat.

LE ROY s'estant fait representer, l'Arrest rendu en son Conseil le onziéme Novembre 1669. Par lequel Sa Majesté auroit Déchargé les Vins du Crû de la Province de Bourgogne, qui seront transportez d'icelle dans les Elections où les Aydes ont cours, du Droit de Doublement de la Subvention, Créé par Declaration de Sa Majesté du mois de Juillet 1656. Et Sa Majesté voulant pourvoir à ce que ledit Arrest soit ponctuellement executé : OÜY le Rapport du Sieur le Peletier, Conseiller ordinaire au Cońseil Royal, Contrôlleur General des Finances. SA MAJESTE' EN SON CONSEIL, Conformement audit Arrest du onziéme Novembre 1669. A Déchargé & Décharge les Vins du Crû de ladite Province de Bourgogne, qui seront transportez dicelle dans les Elections où les Aydes ont cours, dudit Droit du Doublement de la Subvention, Créé par ladite Declaration du mois de Juillet 1656. ENJOINT Sa Majesté au Sieur de Harlay, Conseiller d'Estat, Intendant de Justice, Police & Finances en Bourgogne, de tenir la main à l'execution du present Arrest, & de le faire Publier &

afficher par tout où besoin sera, à ce qu'aucun n'en ignore. FAIT au Conseil d'Estat du Roy, tenu à Fontainebleau , le onziéme jour d'Octobre mil six cens quatre-vingt-sept. Collationné. Signé, DE FREMONT.

L'ARREST DU CONSEIL D'ESTAT,

Du vingt-neuf Novembre 1687.

QUI Modere à Onze livres par Barique, les Droits de Eauës de Vie qui Sortiront par Charante pour aller aux Païs Estrangers ; Au lieu de 16. livres 10. sols 10. deniers qu'elles doivent pour la Traite dudit Charente, est cy.devant . . . page 20

L'ARREST DU CONSEIL D'ESTAT,

Du vingt Decembre 1687.

QUI Regle les Droits d'Entrée des Moluës de la Pesche des Estrangers : Et Ordonne que celles de la Pesche des François ne payeront que les Droits Ordinaires, est cy-devant. . . page 22.

L'ARREST DU CONSEIL D'ESTAT,

Du troisiéme Février 1688.

QUI Exempte les Moutons, Brebis & autres Bestiaux venant des Provinces de Guienne, Languedoc, Auvergne, Limosin, la Marche, Poitou & Bretagne, des Trente sols Ordonnez estre payez pour les Moutons & Brebis Estrangers Entrans dans le Royaume, est cy-devant . . . . page 27

L'ARREST DU CONSEIL DESTAT,

Du troisiéme Février 1688.

QUI Exempte les Cires blanchies en France, de tous Droits de Sortie, est cy-devant . . . . page 29

ARREST
CONTRADICTOIRE.
DU CONSEIL D'ESTAT DU ROY,

Du dixiéme Février 1688.

ENTRE les Habitans du Païs de Labours : Le Fermier des Cinq grosses Fermes & de la moitié de la Coûtume de Bayonne ; Et le Sieur Duc de Grammont. Portant Reglement pour la Levée & Perception des Droits de ladite Coûtume, & de la Foraine, sur toutes les Denrées & Marchandises ; A la reserve des Vins, Bleds, Fruits, &c.

Extrait des Registres du Conseil d'Estat.

VEU au Conseil du Roy, les Requestes respectivement presentées pardevant le Sieur de Ris, cy-devant Intendant en la Province de Guyenne : L'une par les Habitans du Païs de Labours : L'autre par Maistre Jean Fauconnet, Fermier General des Fermes Unies de Sa Majesté ; Et le Sieur Duc de Grammont, Proprietaire de la moitié des Droits de la Coûtume de Bayonne. CELLE desdits Habitans ; Contenant qu'à cause de la Garde qu'ils ont, de tout temps, accoûtumé de faire, contre les Ennemis de l'Estat, & de Mil Hommes de Milice qu'ils entretiennent à cét effet à leurs dépens, & autres Services qu'ils ont rendus de temps en temps dans diverses occasions, & par la consideration de la Sterilité dudit Païs ; Sa Majesté & les Rois ses Predecesseurs, ont eu la bonté de leur accorder depuis la Reduction de la Ville de Bayonne en 1450. des Privileges qui contiennent l'Exemption de toutes Tailles, Cruës, Aydes Subsides,

& autres Impositions tant ordinaires qu'extraordinaires, mises & à mettre, sans que pour quelque cause & occasion que ce soit lesdits Habitans y puissent estre assujettis. Que par Jugement du Sénéchal de Bayonne, du quatre Avril 1634. Et l'Arrest de la Cour des Aydes de Guyenne, du vingt-deux Decembre audit an, ils furent maintenus dans l'Exemption des Droits de la Coûtume de Bayonne, avec l'Entrée & Sortie du Royaume, pour toutes sortes de Marchandises, ainsi que l'estoient les Communautez de Saint Jean de Lus, Siboure, & Uringue. Que suivant la Declaration du Roy Henry III. du vingt-un Avril 1583. au sujet de l'établissement de la Foraine dans la Guyenne, ledit Païs de Labours paya ce qu'il fut Taxé, pour l'extinction de ladite Foraine. Que bien que lesdits Habitans ayent joüy de tout temps desdites Exemptions; Les Receveurs de la Coûtume de Bayonne & du Bureau de d'Ax & autres en dépendans, les ont troublez, les ayans assujettis à payer jusques aux moindres choses qu'ils font passer, quoy qu'elles doivent estre Consommées dans ledit Païs: Dequoy lesdits Habitans s'estans plaints audit Sieur de Ris au mois d'Aoust 1684. & ayant Demandé que Deffenses fussent faites ausdits Receveurs, d'en user de mesme à l'avenir. Le Sieur Hotman, Directeur de la Traite d'Arzac, & les Receveurs de la Coûtume, aprés avoir eu Communication de leur Requeste, fournirent un Memoire contenant leurs Deffenses, Par lesquelles ils demeurerent d'accord que lesdits Habitans du Païs de Labours, estoient Exempts dudit Droit de Coûtume, pour tous les Vins, Bleds, & Bestial, ensemble pour tous les fruits du Païs, mais que l'Exemption generale dudit Droit n'estoit que pour les Communautez de Saint Jean de Lus & Siboure. Lequel Aveu donné par les Receveurs de la Coûtume, est une preuve bien certaine de l'Exemption attribuée ausdits Habitans, n'y ayant aucune difference pour la Levée dudit Droit entre les Denrées & Marchandises, & le Privilege desdites Communautez de Saint Jean de Lus, & Siboure, n'estant fondé que sur la cause generale, Commune à tous les Habitans dudit Païs de Labours. A CES CAUSES, Requeroient que conformément à leurs Privileges, Confirmez par Lettres Patentes de Sa Majesté, du neuviéme Septembre 1680. ils fussent declarez Exempts de tous Droits, dans les susdits Bureaux de Coûtume & de Foraine, pour toutes sortes de

Marchandises, Denrées & autres choses qu'ils feront passer dans ledit Païs pour y estre Consommées; Avec le Droit d'Entrée & Sortie du Royaume, comme devant faire partie de leurs Subsistances; Et en consequence faire Deffenses à toutes Personnes de les y troubler, & condamner lesdits Receveurs de la Coûtume, à leur rendre les Droits qu'ils leur ont fait payer, au préjudice desdits Privileges, & aux dépens. CELLE dudit Fauconnet; Contenant que lesdits Habitans du Païs de Labours, ne sont point Exempts du Droit de la Coûtume de Bayonne, qui se Leve à raison de Cinq pour Cent; à l'exception du Vin, Bled, & Bestiaux qui se consomment, & par conséquent qu'ils doivent les Entrées & Sorties de tout le reste; Et qu'à l'égard des Bestiaux, ils sont obligez d'en Consigner les Droits, qu'on leur rend en rapportant Certificat de la Consommation, des Receveurs des Bureaux de la Coûtume, & où il n'y en a pas, des Curez des Lieux; N'y ayant que Saint Jean de Lus, & Sibourc qui en soient Exempts, par des Lettres Patentes particulieres, la Paroisse d'Uringue n'y estant pas comprise, ny les autres Lieux dudit Païs de Labours: Que la demande desdits Habitans est fondée sur trois Moyens; Le premier sur les Privileges accordez ausdits Païs en 1450. par le Roy Charles VII. Le second sur un Jugement du Sénéchal de Bayonne, & Arrest de la Cour des Aydes de Guyenne, des quatre Avril & vingt-deux Decembre 1634. Et le troisiéme sur des Lettres Patentes de Sa Majesté du neuf Septembre 1683. A quoy ledit Fauconnet répond; Que les Privileges de l'An 1450. furent accordez en faveur de tous les Habitans de la Sénéchaussée des Lannes, en consideration de leurs Reduction à l'obéïssance du Roy, & qu'encore qu'ils contiennent une Exemption generale & autant estenduë qu'ils le pourroient souhaiter; Neanmoins les Rois à cause des besoins de l'Estat, assujettirent ledit Païs au payement des Tailles, Droits de la Traite d'Arzac, Coûtume de Bayonne, & autres qui s'y perçoivent aujourd'huy, sans aucune Exception que celle dudit Païs de Labours; Lequel en consideration de la Sterilité, & de la Garde de la Frontiere, ne paye Annuellement qu'un Fief de Quarante ou Cinquante Escus, moyennant quoy il est Exempt des Tailles & du Droit de Coûtume, pour les Vins, Bled & Bestiaux qui s'y Consomment, les Habitans ayant de tous temps payé les

Droits d'Entrée & de Sortie pour tout le reste ; A l'exception de S. Jean de Lus & Siboure seulement. Que le Jugement ny l'Arrest de 1634. ne peuvent estre d'aucune consideration, parce qu'ils paroissent avoir esté rendus sur des Consentemens collusoires, & qui n'ont jamais eu aucune execution ; Lesdits Habitans depuis lesdits Jugement & Arrest, ayant continuellement payé lesdits Droits d'Entrée & Sortie, pour toutes sortes de Marchandises. Que les Habitans de Hendaye, ayant fait quelques refus de le payer, le Sieur Daguesseau, cy-devant Intendant en ladite Generalité, par Ordre de Sa Majesté, rendit le dix Juin 1671. son Ordonnance, Portant que lesdits Habitans de Hendaye, seroient tenus de payer ledit Droit de Coûtume ; Laquelle Ordonnance avoit esté Confirmée par Arrest du Conseil du vingt-deux Decembre 1678. Et lesdits Habitans de Hendaye & d'Uringue, condamnez de payer ledit Droit de Coûtume à Sa Majesté, & audit Sieur Duc de Grammont ; Par lequel Arrest, le Jugement & l'Arrest de 1634. dont lesdits Habitans pretendent se prévaloir, ont esté aneantis. Que l'Exemption qui leur en a esté accordée, pour les Denrées & Marchandises qui se Consomment dans le Païs, n'est qu'en consideration de la Sterilité d'iceluy, estant sujets pour toutes les autres, aux Droits de la Coûtume, & à ceux de la Traite d'Arzac, & n'ayant non plus de Privileges que ceux de Bayonne, qui payent les Droits de la Traite d'Arzac, aux Bureaux en dépendans, pour toutes les Marchandises qui y passent, pour estre portées audit Bayonne ; Enfin que les Lettres Patentes de 1683. ne contiennent aucune chose que la Confirmation des Privileges dont ils ont joüy auparavant, lesquels ne s'étendans qu'à l'Exemption du Droit de Coûtume, pour les Vins, Bleds, & Bestiaux qui s'y consomment, ladite Confirmation se renferme au seul Privilege, & lesdits Habitans doivent payer ledit Droit de Coûtume, de toutes les autres Denrées & Marchandises, & celuy de la Traite d'Arzac, comme ils ont fait par le passé. A Ces Causes, Requeroit qu'il luy fut donné Acte, de ce que pour Réponse à la Requeste desdits Habitans, il employoit ladite Requeste ; Et en consequence Debouter lesdits Habitans de leurs Demandes, Fins & Conclusions, avec dépens : Au bas de laquelle Requeste, est la Declaration faite le septiéme May 1686. par le Préposé dudit Sieur de Grammont, pour la Recette de la moitié

moitié du Droit de Coûtume à luy appartenante ; Que pour Réponse à la Requeste desdits Habitans, il employe le contenu en celle dudit Fauconnet. La Réponse desdits Habitans, à la Requeste dudit Fauconnet, par laquelle ils reduisent leurs Demandes, pour l'Exemption du Droit d'Entrée & Sortie, au Poisson qu'ils transportent en Espagne, & y donnent en échange du Fer, du Vin, & de l'Huille, qu'ils en rapportent pour la provision dudit Païs. L'Ordonnance dudit Sieur de Ris, du premier Juin 1686. Par laquelle il renvoye les Parties à se pourvoir au Conseil, pour leur estre sur lesdites Requestes respectives, fait droit ainsi qu'il appartiendra. Les Lettres obtenuës en grande Chancellerie, par le Sindic dudit Païs de Labours, le dix-neuf Juin 1686. En vertu desquelles il auroit fait Assigner audit Conseil, le onze Juillet ensuivant, ledit Fauconnet, & ledit Sieur Duc de Gramont, pour y proceder sur ledit Renvoy. VEU aussi les Lettres Patentes du Roy François Premier, du trois Decembre 1517. Le Procés Verbal du vingt-trois Septembre 1584. & autres jours suivans, fait par les Sieurs Commissaires Deputez, pour l'Establissement des Droits & Bureaux de la Foraine, dans la Ville de Bayonne, & Païs de Labours, en execution de l'Edit du mois de Decembre 1583. Le Jugement rendu par le Sénéchal de Bayonne, le quatre Avril 1634. L'Arrest de la Cour des Aydes de Guyenne, en conformité, du vingt Decembre audit an: Copie des Lettres Patentes du dix-huit May 1639. Portant Confirmation des Privileges & Exemptions des Droits d'Assize, Entrée, & Issuës & autres Impositions, accordées aux Habitans de S. Jean de Lus ; De l'Arrest d'Enregistrement des Lettres Patentes du vingt-cinq May 1660. Par lesquelles Sa Majesté continuë pour Trente ans, aux Habitans de Siboure, leurs Privileges & Franchises. D'autres Lettres Patentes de Sa Majesté, du vingt Decembre 1659. Portant Confirmation aux Habitans des Paroisses d'Uringue & de Landaye, de leurs Exemptions & Affranchissemens ; & de celles du neuf Septembre, qui Confirment pour neuf ans, les Privileges & Franchises dudit Païs de Labours. Et l'Ordonnance dudit Sieur Daguesseau, du dix Juin 1671. L'Arrest du Conseil du vingt-deux Decembre 1678. Les Extraits des Baux faits à Maistre Nicolas Saunier, & audit Fauconnet. Les Escritures, & Productions desdits Habitans dudit

Païs de Labours ; Et dudit Fauconnet. La Requeste du Sieur Duc de Gramont, du trois Decembre 1686. employée pour toutes Escritures & Productions : Avec ce qui a esté Escrit & Produit par ledit Fauconnet. Les Requestes de Contredits desdits Habitans, & dudit Fauconnet ; & autres Pieces produites par lesdites Parties ; le tout Communiqué à M. Pierre Domergue, à present Fermier General des Cinq grosses Fermes, & autres Fermes Unies : OÜY le Rapport du Sieur Phelypeaux de Pontchartrain, Conseiller du Roy en ses Conseils, Intendant des Finances. LE ROY EN SON CONSEIL, faisant droit sur l'Instance, A ORDONNE' & Ordonne, Que les Droits de Coûtume qui se levent dans la Ville de Bayonne, & autres Bureaux en dépendans, seront Perçûs ; sçavoir, moitié par le Fermier des Cinq grosses Fermes, ses Procureurs ou Commis ; Et l'autre moitié par les Préposez dudit Sieur de Gramont, sur toutes les Denrées & Marchandises ; A la Reserve des Vins, Bleds, Bray, Reisine, Fruits, & autres choses Comestibles, pour la nourriture & l'usage des Habitans dudit Païs de Labours ; Ensemble des Etoffes, Habits, & Marchandises necessaires pour leurs personnes ; Comme aussi du Poisson frais, sec & sallé, qu'ils transporteront en Espagne ; Et du Vin & Huile qu'ils y prendront en Eschange, & qu'ils en rapporteront, pour estre Consommées audit Païs, dont Sa Majesté, par forme de Provision, a Exempté les Habitans dudit Païs de Labours, jusqu'à ce qu'autrement par Elle en ait esté Ordonné ; En faisant neanmoins par lesdits Habitans, leurs Soûmissions, ou baillant Caution, qu'ils ne transporteront point ailleurs lesdites Denrées & Marchandises, & ne Vendront point ledit Poisson en Espagne, mais seulement le donneront en Eschange, des Denrées qu'ils en rapporteront, pour estre Consommées audit Païs, à peine d'estre déchûs de ladite Exemption, & Contraints au payement desdits Droits. Et à l'égard des Droits de Foraine, ORDONNE Sa Majesté, que les Habitans dudit Païs de Labours, joüiront comme dessus de l'Exemption desdits Droits, pour les Bestiaux qu'il feront passer par les Bureaux de ladite Foraine, pour estre Consommez chez eux ; A la charge de donner Caution ou des Gages de rapporter audit Fermier des Cinq grosses Fermes, ses Procureurs & Commis, un Certificat des Commis des Lieux où lesdits Bureaux sont establis, ou des Curez & Jurasts desdits Lieux, dans trois mois aprés que le Bestial aura passé, qu'il a esté Consommé dans ledit Païs, sinon à faute de ce ledit temps passé, ils seront contraints au payement desdits Droits. Et sur les autres Demandes des Habitans dudit Païs de Labours, Sa Majesté a mis les Parties hors de Cour, & de Procés; Dépens compensez. FAIT au Conseil d'Estat du Roy, tenus à Versailles, le dixiéme jour de Février mil six cens quatre-vingt-huit. Collationné. Signé, ROUILLET.

ARREST

DU CONSEIL D'ESTAT DU ROY,

Du seizéme Mars 1688.

QUI ORDONNE, Que les Moluës vertes & seiches, qui seront apportées des Païs Estrangers, és Provinces de Luxembourg, Eveschez de Mets, Toul, & Verdun, la Sarre & l'Alsace, payeront seulement à l'Entrée desdites Provinces, les Droits ordinaires qui se payoient auparavant l'Arrest du vingt Decembre 1687.

Extrait des Registres du Conseil d'Estat.

LE ROY s'estant fait representer en son Conseil, l'Arrest rendu en iceluy le vingtiéme Decembre 1687. Portant, Qu'à commencer du premier Janvier de la presente année, les Moluës vertes & seiches de la Pesche des Estrangers qui Entreront en France, payeront à l'Entrée du Royaume, tant par Mer que par Terre, sçavoir, la Moluë seiche & Merluë le Cent

NOTA. *Par Arrest du 13. Février 1694. Les Droits d'Entrées des Moluës vertes & Saumon de la Pesche des Estrangers, ont esté reduits à la moitié de ceux portez par l'Arrest du 4. Octobre 1691. & ce jusqu'au premier Avril prochain.*

en nombre, Quarante sols ; Et la Moluë verte aussi le Cent en nombre, Huit livres pour tous Droits d'Entrée : Et que les Moluës vertes & seiches de la Pesche des François, payeront seulement les Droits ordinaires & accoustumez. Et Sa Majesté considerant que les Provinces de Luxembourg, les Eveschez de Mets, Toul & Verdun, la Sarre & l'Alsace, ne peuvent que tres-difficilement, & avec beaucoup de frais, faire les provisions de Moluës de la Pesche des François, à cause de l'éloignement des Ports de Mer ; Voulant traiter favorablement ses Sujets desdites Provinces : Oüy le Raport du Sieur le Pelletier, Conseiller ordinaire au Conseil Royal, Contrôlleur General des Finances. SA MAJESTE' EN SON CONSEIL, A ORDONNE' & Ordonne, Que les Moluës vertes & seiches qui seront apportées des Païs Estrangers, és Provinces de Luxembourg, Eveschez de Mets, Toul & Verdun, la Sarre & l'Alsace, payeront seulement à l'Entrée desdites Provinces, les Droits ordinaires qui se payoient auparavant ledit Arrest du vingt Decembre 1687. Lequel sera executé à l'égard des autres Provinces du Royaume, selon sa forme & teneur. FAIT au Conseil d'Estat du Roy, tenu à Versailles, le seiziéme jour de Mars mil six cens quatre-vingt-huit. Collationné. Signé, F. ROUILLET.

L'ARREST DU CONSEIL D'ESTAT,

Du quatorze Avril 1688.

QUI Exempte les Bœufs & autres Bestiaux venans des Provinces de Guyenne, Languedoc, Auvergne, Limosin, la Marche, Poitou, & Bretagne, des Douze livres d'Entrées, Ordonné estre payé par ceux venans des Païs Estrangers, est cy-devant . . . . page 32.

ARREST

DU CONSEIL D'ESTAT DU ROY,

Du quatriéme May 1688.

QUI ORDONNE, En interpretant l'Arrest du vingt-cinq Novembre 1687. Que le Fer ouvré & non ouvré, venant des Provinces du Royaume reputées Estrangeres, & d'autres Païs de la Domination de Sa Majesté, qui Entrera dans l'étenduë des Cinq grosses Fermes, payera seulement les Droits ordinaires & accoustumez, sur le Pied du Tarif du mois de Septembre 1664.

Extrait des Registres du Conseil d'Estat.

LE ROY s'estant fait representer en son Conseil, l'Arrest rendu en iceluy le vingt-cinq Novembre 1687. Par lequel Sa Majesté auroit Entr'autres choses Ordonné, que le Fer ouvré & non ouvré de toute sorte, qui Entrera en France, payera les Droits d'Entrée du Royaume, à raison de Trente sols du cent pesant; Et son intention n'ayant pas esté d'assujettir aux mesmes Droits, le Fer venant des Provinces du Royaume & autres Païs de Sa Domination, qui sont reputez Estrangers au regard des Cinq grosses Fermes: OÜY le Rapport du Sieur le Pelletier, Conseiller ordinaire au Conseil Royal, Contrôlleur General des Finances. SA MAJESTE' EN SON CONSEIL, En interpretant en tant que besoin seroit, ledit Arrest du vingt-cinquiéme Novembre 1687. A ORDONNE' & Ordonne, Que le Fer ouvré & non ouvré de toute sorte, venant des Provinces du Royaume reputées Estrangeres, & d'autres Païs de sa Domination, qui Entrera dans l'étenduë des Cinq grosses Fermes, payera seulement les Droits ordinaires & accoûtumez, sur le pied du Tarif du mois de Septembre 1664. FAIT Sa Majesté Deffenses à Maistre

Pierre Domergue, Adjudicataire des Cinq grosses Fermes & autres Unies, ses Procureurs, Commis, & Préposez, de prendre de plus grands Droits sur ledit Fer, à peine de Concussion, & de tous dépens, dommages & interests : Et au surplus Ordonne que ledit Arrest du vingt-cinq Novembre 1687. sera executé. ENJOINT aux Sieurs Intendans & Commissaires Départis dans les Provinces où les Cinq grosses Fermes sont establies, de tenir la main à l'execution du present Arrest. FAIT au Conseil d'Estat du Roy, tenu à Versailles, le quatriéme jour de May mil six cens quatre-vingt-huit. Collationné. Signé, COQUILLE.

ARREST

DU CONSEIL D'ESTAT DU ROY,

Du onziéme May 1688.

QUI ORDONNE, Que les Moutons ou Brebis de Catalogne, qui viendront Paistre dans les Montagnes de Roussillon & de la Cerdaigne, seront Exempts des Droits portez par les Arrests des deux Septembre 1669. & troisiéme Février dernier, Aux charges y portées, &c.

Extrait des Registres du Conseil d'Estat.

LE ROY ayant par Arrest de son Conseil du trois Février dernier, Ordonné conformément à un precedent Arrest de sondit Conseil du deuxiéme Septembre 1669. qu'il sera Levé à l'avenir à l'Entrée du Royaume, Trente sols sur chacun Mouton ou Brebis venant des Païs Estrangers : Et Sa Majesté estant Informée qu'il vient tous les ans dans la saison des Herbes, dans le Roussillon & la Cerdaigne, un grand nombre de Moutons & autres Bestiaux de Catalogne, pour paistre seulement, lesquels s'en retournent au mois de Septembre ; Et d'autant que ſon intention n'a point eſté d'aſſujettir au payement des Droits portez par leſdits Arreſts, les Moutons de Catalogne, qui ſont attirez dans les Montagnes de Rouſſillon & de Cerdaigne, par la bonté des Paſturages, & qui ne ſe conſomment point ordinairement dans le Royaume : OÜY le Rapport du Sieur le Pelletier, Conſeiller ordinaire au Conſeil Royal, Contrôlleur General des Finances. SA MAJESTE' EN SON CONSEIL, en interpretant en tant que beſoin ſeroit les Arreſts rendus en iceluy les deuxiéme Septembre 1669. & troiſiéme Février dernier, A ORDONNE' & Ordonne, Que les Moutons ou Brebis de Catalogne qui viendront paiſtre dans les Montagnes de Rouſſillon & de la Cerdaigne, ſeront & demeureront Exempts des Droits portez par leſdits Arreſts ; A la charge toutefois, par ceux qui les ameneront, de faire leur Declaration à l'Entrée du Royaume, de la quantité de Moutons & Brebis dont leurs Troupeaux ſeront compoſez, avec ſoûmiſſion de payer à leur retour, les Droits de ceux qui ſeront demeurez dans la Province, auquel effet la Viſite en ſera faite, tant à l'Entrée qu'à la Sortie. ENJOINT au Sieur Trobat, Intendant en Rouſſillon, de tenir la main à l'execution du preſent Arreſt. FAIT au Conſeil d'Eſtat du Roy, tenu à Verſailles, le onziéme jour de May, mil ſix cens quatre-vingt-huit. Collationné. Signé, COQUILLE.

L'ARREST DU CONSEIL D'ESTAT,

Du quinziéme Juin 1688.

QUI Décharge les Bas qui ſeront Declarez pour Lion, qui auront acquitté en entier les Droits d'Entrées portez par le Tarif de 1667. de la Doüanne de ladite Ville, eſt cy-devant. . . . page 39

ARREST
DU CONSEIL D'ESTAT DU ROY,

Du quinziéme Juillet 1688.

QUI ORDONNE, Que les Marchands, Negocians & autres Habitans des Villes & Païs Conquis, ou Cedez à Sa Majesté, par les Traitez de Paix & de Tréve, continuëront de joüir de la liberté du Transit, nonobstant l'Arrest du neuviéme Mars dernier, pour les Manufactures établies esdites Villes & Païs, & choses servans aux Ouvrages & Fabrications d'icelles, Aux conditions y portées.

Extrait des Registres du Conseil d'Estat.

VEU par le Roy en son Conseil, les Requestes presentées à Sa Majesté, par les Estats des Villes & Chastellenies de l'Isle, Doüay, Orchies, Tournay, & autres Villes & Païs Conquis par Sa Majesté, ou qui luy ont esté Cedez en Flandres, par les Traitez de Paix & de Treve. CONTENANT, Que le Commerce qui se fait de leurs Manufactures dans les Indes, l'Espagne, l'Italie, l'Allemagne & l'Angleterre, faisant la principale occupation, & toute la Subsistance des Habitans desdites Villes & Païs, Sa Majesté auroit eû la Bonté de favoriser ce Commerce en toutes occasions. Que mesme ayant sur la fin de l'année 1673. Revoqué les Entrepots & Transits, que Sa Majesté avoit permis en faveur du Commerce Estranger, par son Edit du mois de Septembre 1664. & Arrests rendus en conséquence; Elle auroit distingué les Supplians, en leur conservant par l'Arrest

NOTA. *Cét Arrest est Confirmé, par un autre du 14. Juin 1689. cy-aprés.*

de

de son Conseil du vingt-quatriéme Février 1674. la liberté desdits Entrepost & Transits, pour les Manufactures desdites Villes & Païs, & choses servant aux Ouvrages & Fabrications d'icelles, que Sa Majesté auroit déchargé de tous Droits ; tant en Entrant qu'en Sortant par les Bureaux des Cinq grosses Fermes mesme de tous Droits de Peages & d'Octroits, en observant toutesfois les précautions portées par lesdits Arrests : Ce qui fait esperer aux Supplians que Sa Majesté voudra bien encore les excepter de la Revocation generale, portée par l'Arrest de son Conseil, du neuviéme Mars dernier, des Entrepots & Transits, que Sa Majesté avoit rétablis par les Arrests de sondit Conseil des six Avril 1680. vingt-cinq Juillet 1682. & vingt-huit Aoust 1685. Sans quoy il leur seroit impossible de pouvoir continuer le Commerce desdites Manufactures, attendu qu'elles sont de si bas prix, qu'ils n'en trouveroient plus le Debit, s'ils estoient obligez d'en payer les Droits portez par les Tarifs. VEU aussi ledit Edit du mois de Septembre 1664. Les Arrests du Conseil des vingt-six Juillet & cinq Aoust 1669. deux Decembre 1673. deux Janvier & vingt-quatre Février 1674. six Avril 1680. vingt-cinq Juillet 1682. vingt-huit Aoust 1685. & neuf Mars 1688. OüY le Rapport du Sieur le Pelletier, Conseiller ordinaire au Conseil Royal, Contrôlleur General des Finances. LE ROY EN SON CONSEIL, ayant égard ausdites Requestes, A ORDONNE' & Ordonne, Que les Marchands, Negocians & autres Habitans des Villes & Païs Conquis par Sa Majesté, ou qui luy ont esté Cedez aux Païs-Bas par les Traitez de Paix & de Treve, continuëront de joüir de la liberté du Transit, pour les Manufactures establies dans lesdites Villes & Païs, & choses servant aux Ouvrages & Fabrication d'icelle seulement, Entrant & Sortant par les Bureaux de Calais, Bayonne, Septem, Pont de Beauvoisin, Strasbourg & Peronne, sans payer aucuns Droits d'Entrée ny de Sortie, Peages, Octrois & autres ; A condition que les Marchandises & Matieres servant aux Manufactures desdits Païs, venant d'Espagne, de Levant, d'Italie & d'Allemagne, passeront esdits Païs Conquis, par le Bureau de Peronne ; & que lesdites Manufactures & Matieres servant à icelles, seront accompagnées de Certificats des Juges & Magistrats desdites Villes & Païs, & des Acquits à Cautions qui leur seront délivrez, & qu'elles seront Visitées & plombées en la maniere accoustumée, à l'Entrée & Sortie desdits Bureaux, par les Commis d'iceux. Et en cas de fraude & déguisement desdites Manufactures, & choses servant à icelles, Ordonne Sa Majesté, que le tout sera Saisi & Confisqué au profit du Fermier, & les Auteurs & Complices desdites fraudes, condamnez en l'Amende, suivant le Bail, Ordonnances, Arrests & Reglemens donnez pour raison des Droits desdites Fermes, en vertu du present Arrest, qui sera Publié & affiché par tout où besoin sera ; Et ce nonobstant l'Arrest du neuviéme Mars dernier, lequel au surplus sera executé selon sa forme & teneur. Fait au Conseil d'Estat du Roy, tenu à Versailles, le quinziéme jour de Juin mil six cens quatre-vingt-huit. Collationné. Signé, COQUILLE.

ARREST
DU CONSEIL D'ESTAT DU ROY,
SA MAJESTÉ Y ESTANT,

Du vingt-deux Juin 1688.

QUI Exempte de tous Droits d'Entrée & de Sortie, les Marchandises qui seront apportées à Dunkerque, de la Flandres Espagnolle & autres Païs Estrangers, pour estre transportées à Cadix ; En faisant par les Marchands qui les envoyeront, aux Bureaux de Bisseghem & du Pelican (par lesquels elles pourront seulement Entrer) leurs Declarations de la quantité & qualité desdites Marchandises, &c.

Extrait des Registres du Conseil d'Estat.

VEU par le Roy estant en son Conseil, les Soûmissions faites par aucuns des principaux Marchands des Villes de Dunkerque & de l'Isle, de faire partir de trois en trois mois, au jour nommé, Un Vaisseau du Port de Dunkerque, pour transporter à Cadix, les Marchandises Manufacturées dans la Flandre Françoise; Et Sa Majesté desirant de favoriser cette Navigation, & de la rendre utile, mesme aux Estrangers qui voudront se servir de cette voye, pour faire leur Commerce : OÜY le Rapport du Sieur le Pelletier, Conseiller ordinaire au Conseil Royal, Contrôlleur General des Finances. LE ROY ESTANT EN SON CONSEIL, A ORDONNÉ & Ordonne, Que les Marchandises qui seront apportées de la Flandres Espagnolle & autres Païs Estrangers, à Dunkerque, pour estre transportées à Cadix, seront Exemptes de tous Droits d'Entrées & de Sorties; En faisant par les Marchands qui les envoyeront, aux Bureaux de Bisseghem & du Pelican, (par lesquels elles pourront seulement Entrer,) leurs Declarations de la quantité & qualité desdites Marchandises, & qu'elles seront destinées pour estre Embarquées à Dunkerque; Ausquels Bureaux de Bisseghem & du Pelican, les Ballots desdites Marchandises seront plombez, pour estre ensuite transportez à Dunkerque, par Acquits à Caution, qui seront délivrez aux Marchands ou Voituriers, qui seront tenus de remettre lesdits Ballots dans un Magazin en Dépost, jusqu'à leur Embarquement, sous deux Clefs differentes, dont une sera gardée par le Magistrat de Dunkerque, ou par celuy qui sera Préposez à cét effet, & l'autre par le Commis de l'Adjudicataire General des Cinq grosses Fermes; Lesquels seront tenus conjointement, de reconnoitre les Plombs qui auront esté appliquez sur lesdits Balots, & d'en faire mention dans la Décharge des Acquits à Caution. ORDONNE en outre Sa Majesté, Que les Marchandises du Crû d'Espagne, & des Indes Occidentales, qui seront apportées par les Vaisseaux François, qui viendront de Cadix, passeront aprés avoir esté Plombées au Bureau de Dunkerque, dans la Flandres Espagnolle, par lesdits Bureaux de Bisseghem & du Pelican, sans payer aucuns Droits; En faisant pareillement par les Marchands, leurs Declarations de la qualité & quantité desdites Marchandises, & qu'elles seront destinez pour la Flandres Espagnolle, & autres Païs Estrangers. ENJOINT aux Sieurs Dugué de Bagnols, Conseiller d'Estat, Intendant de Justice, Police & Finances en Flandres; Et Demadrys, aussi Intendant en Flandres, du costé de la Mer, de tenir la main à l'execution du present Arrest. FAIT au Conseil d'Estat du Roy, Sa Majesté y estant, tenu à Versailles, le vingt-deuxiéme jour de Juin mil six cens quatre-vingt-huit. Collationné. Signé, LE TELLIER.

ARREST

DU CONSEIL D'ESTAT DU ROY,

SA MAJESTE' Y ESTANT.

Du quatorziéme Aoust 1688.

QUI Permet à la Compagnie des Indes Orientale, de continuer le Commerce des Estoffes de Soye, Or & Argent, & Escosses d'Arbre des Indes & de la Chine: Et fait Deffenses à tous Marchands & autres Personnes, de faire Entrer dans le Royaume, aucunes Toiles de Cotton blanches, que par les Ports de Roüen & S. Valery sur Somme, en payant les Droits, &c.

Extrait des Registres du Conseil d'Estat.

LE ROY s'estant fait representer en son Conseil, l'Arrest rendu en iceluy le vingt-sept Janvier 1687. Par lequel Sa Majesté, auroit entr'autres choses Permis à la Compagnie des Indes Orientales, de continuer le Commerce des Estoffes de Soye, Or & Argent, & Escosse d'Arbre, des Indes & de la Chine, & d'en faire venir par chacun an, jusqu'à la concurrence de Cent cinquante mil livres; Comme aussi de faire venir toutes sortes de Toilles blanches, autres que celles deffenduës par ledit Arrest, & toutes sortes d'autres Marchandises & Denrées, provenant des Païs de sa Concession, en payant seulement les Droits portez par le Tarif du mois de Septembre 1664. Et Sa Majesté estant Informée qu'au préjudice dudit Arrest, & de ceux des trente Avril, quinze & vingt-six Octobre 1686. Par lesquels Sa Majesté auroit Reglé les Droits qui seroient payez à

NOTA. *Cét Arrest est Confirmé par un autre du* 24. *Février* 1691. *cy-aprés.*

l'Entrée du Royaume, tant ſur les Toilles & Ouvrages de Coton, que ſur les Eſtoffes de la Chine & des Indes, de Soye à Fleurs d'Or & d'Argent, & Eſcorces d'arbres, autres que celles qui ſeroient apportées par ladite Compagnie; divers Particuliers auroient fait Entrer en fraude, quantité de Toilles de Coton, tant peintes que blanches, & Eſtoffes des Indes & de la Chine, de Soye d'Or & d'Argent, & d'Eſcorces d'Arbres: A quoy Sa Majeſté deſirant pourvoir, & donner en meſme temps à ladite Compagnie, des marques de la continuation de ſa Protection: Oüy le Rapport du Sieur le Pelletier, Conſeiller ordinaire au Conſeil Royal, Contrôlleur General des Finances. SA MAJESTE' ESTANT EN SON CONSEIL, Conformément aux Arreſts dudit Conſeil des vingt-ſix Octobre 1686. & vingt-ſeptiéme Janvier 1687. A PERMIS & Permet à la Compagnie des Indes Orientales ſeulement, de continuer le Commerce des Eſtoffes de Soye, Or & Argent, & Eſcorces d'Arbres, des Indes & de la Chine, & d'en faire venir juſqu'à la concurrence de Cent cinquante mil livres par chacun an, dont la valeur ſera juſtifiée par la Facture des Indes; A la Charge par ladite Compagnie d'envoyer tous les ans, conformément audit Arreſt du vingt-ſeptiéme Janvier 1687. pour Cinq cens mil livres de Marchandiſes, des Manufactures de France; Comme auſſi de faire venir toutes ſortes de Toiles de Coton blanches: & autres Marchandiſes & Denrées provenant des Païs de ſa Conceſſion, en payant ſeulement les Droits portez par le Tarif du mois de Septembre 1664. A l'exception neantmoins des Toiles de Coton peintes aux Indes. FAIT Sa Majeſté deffenſes à tous Marchands, & à toutes autres Perſonnes telles qu'elles puiſſent eſtre, de faire Entrer dans le Royaume, aucunes Toilles de Coton blanches, que par les Ports de Roüen & de S. Valery ſur Somme; Et en payant les Droits nouveaux & anciens, portez par ledit Arreſt du trente Avril 1686. Comme auſſi de faire venir des Indes & de la Chine, aucunes Eſtoffes de Soye, d'Or & d'Argent, & Eſcorces d'Arbres deſdits Païs, à peine d'eſtre brûlées, Conformément à l'Arreſt du Conſeil du vingt-ſix Octobre 1686. FAIT Sa Majeſté Deffenſes à Maiſtre Pierre Domergue, ſes Cautions, Commis & Preposez, de laiſſer Entrer aucunes Toilles blanches & Eſtoffes des Indes, que par leſdits Ports; Le tout à peine pour chacune Contravention, & contre chacun des Contrevenans, de Trois mil livres d'Amende, applicables moitié au Dénonciateur, & l'autre moitié aux Hôpitaux des Lieux. ORDONNE en outre Sa Majesté, Que toutes les Toilles de Coton, Escorces d'Arbres, & Estoffes de Soye, d'Or & d'Argent, provenant des Ventes de ladite Compagnie, seront Marquées de la Marque qui sera Ordonnée à cét effet, pour chaque année, Laquelle sera remise és mains des Sieurs Commissaires Départis, pour faire Marquer lesdites Marchandises par ledit Domergue, ses Commis ou Préposez; Et en cas qu'il s'en trouve dans le Royaume, non marquées, VEUT Sa Majesté qu'elles soient brûlées: Au surplus les Edits, Declarations & Arrests donnez en faveur de ladite Compagnie, seront executez selon leur forme & teneur. ENJOINT Sa Majesté au Sieur de la Reynie, Conseiller d'Estat ordinaire, Lieutenant General de Police, & aux Sieurs Intendans & Commissaires Départis dans les Provinces & Generalitez du Royaume, de tenir la main à l'execution du present Arrest, qui sera Lû, Publié & Affiché par tout où besoin sera, à ce qu'aucun n'en ignore. FAIT au Conseil d'Estat du Roy, Sa Majesté y estant, tenu à Versailles, le quatorziéme jour d'Aoust mil six cens quatre-vingt-huit. Signé, COLBERT.

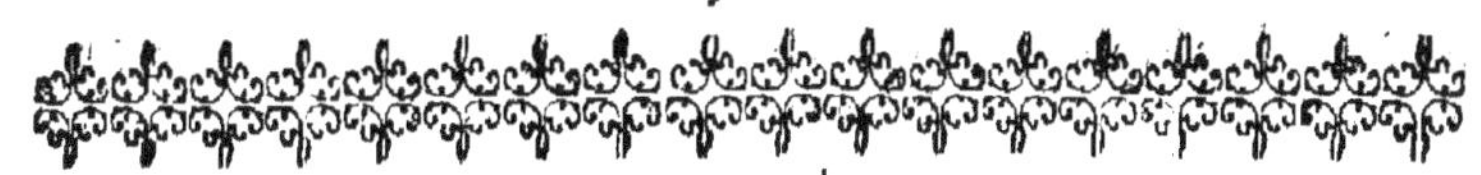

ARREST CONTRADICTOIRE DU CONSEIL D'ESTAT DU ROY,

Du douziéme Octobre 1688.

QUI Décharge le Pastel du Crû de la Province de Languedoc, des Droits de Traitte Domaniale ; de ceux des Cinq grosses Fermes, Convoy & Comptablie de Bordeaux, Prevosté de Nantes, Doüannes de Lion & Valence, Tiers-Sur-Taux, & Quarantiéme de ladite Ville de Lion : Et pour les Droits Forains, le payement en sera continué sur le Pastel qui Sortira de ladite Province, pour les Païs Estrangers, & Provinces reputées Estrangers, &c.

Extrait des Registres du Conseil d'Estat.

SUR la Requéste presentée au Roy en son Conseil, par le Sindic General de la Province de Languedoc ; CONTENANT, Qu'encore que par l'Arrest rendu en iceluy le vingt-deux Septembre 1687. Conformément à la Réponse faite au IV. Article du Cahier des Doleances de ladite Province, il ait esté Ordonné que l'Arrest du Conseil du quatre Septembre 1666. sera executé selon sa forme & teneur ; Ce faisant, que le Pastel du Crû de ladite Province, demeureroit Déchargé de toutes Impositions, & qu'il eut esté fait Deffenses aux Fermiers des Cinq grosses Fermes, & aux Prevost des Marchands & Eschevins de la Ville de Lion, de prendre & percevoir aucuns Droits sur ledit Pastel, à peine de Concussion ; A la charge que les Conducteurs dudit Pastel seront tenus de prendre des Certificats ou Acquits à Caution, des Commis establis en ladite Province comme ledit Pastel sera du Crû de ladite Province, lesquels Acquits doivent estre expediez gratis; Neantmoins lesdits Fermiers des Cinq grosses Fermes, pretendent que ledit Pastel du Crû de ladite Province, estant transporté dans les Païs Estrangers, doit payer le Droit de Sortie aux Bureaux establis à cét effet. Et d'autant que les Arrests du Conseil des années 1666. & 1667. sont formels là-dessus, & qu'ils n'exceptent rien; Que celuy de ladite année 1666. Ordonne cette Décharge, conformément à d'autres Arrests du Conseil rendus sur le mesme sujet, és années 1643. & 1658. Et qu'il est fait Deffenses au Fermier des Cinq grosses Fermes, à ceux du Droit de la Prevosté de Nantes, & qui sont Levez és Bureaux d'Ingrande & de Saint Sevrin, mesme de ceux du Convoy de Bordeaux; D'ailleurs que par la Declaration du vingt-un Decembre 1605. qui fait l'Establissement de la Traite Domaniale en Languedoc, au lieu de celuy de la Patente, ledit Pastel du Crû de la Province de Languedoc a esté non seulement Déchargé du Droit de la Traite Domaniale, mais encore il a esté mis au lieu & place des Droits sur le Bestial & Châtaignes, pour estre Levé conjointement avec les Droits Forains; Requeroit qu'il plût à Sa Majesté, pour Lever toutes sortes de difficultez, Ordonner que le Pastel du Crû de Languedoc, demeurera déchargé de tous Droits, soit qu'il soit porté dans le Royaume, ou transporté dans les Païs Estrangers. VEU ladite Requeste. La Réponse fournie par le Fermier à icelle : OÜY le Rapport du Sieur Phelypeaux de Pontchartrain, Conseiller d'Estat ordinaire, Intendant des Finances ; Et tout consideré. LE ROY EN SON CONSEIL, conformément à la Declaration du vingt-un Decembre 1605. & aux Arrests dudit Conseil des dernier Septembre 1643. trente Janvier 1658. quatriéme Septembre 1666. & vingt-deuxiéme Septembre 1687. A ORDONNÉ & Ordonne, Que le Pastel du Crû de ladite Province de Languedoc, demeurera Déchargé des Droits de la Traite Domaniale, de ceux des Cinq grosses Fermes, du Convoy & Comptablie de Bordeaux, Prevosté de Nantes, Doüanne de Lion & Valence, Tiers-Surtaux & Quarantiéme de la Ville de Lion : Et à l'égard des Droits Forains, le payement en sera continué sur le Pastel qui sortira de ladite Province de Languedoc, pour les Païs Estrangers, ou pour aller dans les Provinces reputées Estrangeres, conformément

au

au Tarif de l'année 1632. FAIT au Conseil d'Estat du Roy, tenu à Fontainebleau, le douziéme jour d'Octobre mil six cens quatre-vingt-huit. Collationné. Signé, DE FREMONT.

ARREST

DU CONSEIL D'ESTAT DU ROY,

Du neuviéme Novembre 1688.

QUI ORDONNE, En interpretant l'Arrest du quinziéme Aoust 1685. Que les Marchandises de Levant, qui n'auront point esté Entreposées dans les Païs Estrangers, & seront arrivées à droiture à Marseille, passant de ladite Ville dans le Royaume, seront Exempts des Droits de Vingt pour Cent; Et Acquitteront seulement les Droits Ordinaires, &c.

Extrait des Registres du Conseil d'Estat.

LE ROY s'estant fait representer en son Conseil, l'Arrest rendu en iceluy le quinze Aoust 1685. Par lequel Sa Majesté auroit Ordonné, conformément à l'Edit du mois de Mars 1669. que toutes les Soyes & Marchandises de Levant qui seront apportées à droiture dans le Royaume, & qui Entreront par le Port de Marseille, seront Exemptes de toutes sortes de Droits; Excepté celles qui Entreront aprés avoir esté Entreposées dans les Villes & Païs Estrangers, qui payeront Vingt pour Cent de leur valeur: Et qu'à l'égard des mesmes Marchandises qui Entreront par le Port de Roüen, soit qu'elles y soient apportées à droiture, soit qu'elles ayent esté Entreposées, elles payeront pareillement le Droit de Vingt pour Cent; Avec Deffenses de faire Entrer lesdites Marchandises par les autres Ports du Royaume, à peine de Confiscation; Et au Fermier des Cinq grosses Fermes de faire aucune Composition, ny remise dudit Droit, à peine de tous dépens, dommages

& interests Depuis lequel Arrest Sa Majesté, en faveur du Commerce & des Manufactures de ses nouveaux Sujets, auroit Permis l'Entrée par le Port de Dunkerque, de certaines Marchandises de Levant, servant aux Manufactures establies dans les Villes & Lieux de sa Domination en Flandres; En payant seulement les Droits ordinaires du Tarif de Flandres; Desquelles Marchandises il auroit esté arresté un Estat au Conseil le vingt-deux Février 1687. Et estant Informé des Contestations qui se forment entre les Marchands & le Fermier, sur l'execution dudit Arrest du quinze Aoust 1685. Les Fermiers des Cinq grosses Fermes pretendans assujettir aux Droits de Vingt pour Cent, portez par ledit Arrest, les Marchandises de Levant venuës à droiture au Port de Marseille, lorsqu'elles Entrent de ladite Ville dans le Royaume, par les Bureaux des Cinq grosses Fermes qui sont aux environs de cette Ville, ou par les Ports de Roüen, de Dunkerque & autres : Et les Marchands au contraire pretendans que lesdites Marchandises, venuës à droiture au Port de Marseille, passans ensuite dans le Royaume, ne doivent payer aucuns Droits en vertu dudit Arrest du quinze Aoust 1685. A quoy estant necessaire de pourvoir, & de Regler les Conditions sur lesquelles le Commerce des Marchandises de Levant se fera, par le Port de la Ville de Dunkerque : Oüy le Rapport du Sieur le Pelletier, Conseiller ordinaire au Conseil Royal, Contrôlleur General des Finances. SA MAJESTE' EN SON CONSEIL, Interpretant, en tant que besoin seroit, l'Arrest rendu en iceluy le quinze Aoust 1685. A ORDONNE' & Ordonne, Que les Marchandises de Levant, qui n'auront point esté Entreposées dans les Païs Estrangers, & seront arrivées à droiture à Marseille, passans de ladite Ville, dans le Royaume, soit par Terre, par les Bureaux de Septem & autres estans aux environs de ladite Ville, ou par Mer par les Ports de Provence & de Languedoc, & par ceux de Roüen, Dunkerque & autres Port de Ponant, seront Exempts des Droits de Vingt pour Cent Et Acquitteront seulement les Droits ordinaires ; Sçavoir de la Doüanne de Lyon, & autres Droits accoustumez, pour ce qui Entrera par Terre par lesdits Bureaux de Septem & autres des environs de Marseille ; Et de ceux des Cinq grosses Fermes & autres qui se levent dans les Ports du Royaume, par lesquels lesdites Marchandises Entreront : Qu'à cét effet, les Marchands Negocians & Maistres des Navires qui apporteront desdites Marchandises de Levant, du Port de Marseille, dans les autres Ports du Royaume, apporteront des Certificats en bonne forme, des Eschevins & Députez du Commerce de Marseille, portant que lesdites Marchandises y auront esté chargées sans fraude ; Lesquels seront representez aux Commis des Bureaux desdites Fermes de Sa Majesté, dans lesdits Ports, lors que lesdites Marchandises y arriveront, pour estre par eux Visitées & reconnuës, & ensuite Déchargées, & les Droits d'Entrée payez. ORDONNE Sa Majesté, que lesdites Marchandises venans de Marseille; Et celles mentionnées en l'Estat arresté au Conseil le vingt-deux Février 1687. suivant l'Arrest dudit jour, Entrans par le Port de Dunkerque, payeront seulement les Droits portez par le Tarif du mois de Juin 1671. quand elles passeront de Dunkerque en Flandres : Et qu'à l'égard des Marchandises de Levant de toutes sortes, qui seront apportées à droiture à Dunkerque, ou qui auront esté Entreposées dans les Païs Estrangers, autres que celles mentionnées au susdit Estat du vingt-deux Février 1687. Elles payeront à l'Entrée de Dunkerque les Droits de Vingt pour Cent; & à l'Entrée de Flandres, ceux du Tarif de 1671. Et quand aux autres Ports du Royaume, ledit Arrest du quinze Aoust 1685. sera executé selon sa forme & teneur. FAIT au Conseil d'Estat du Roy, tenu à Fontainebleau, le neuviéme jour de Novembre mil six cens quatre-vingt-huit. Collationné. Signé, DE FREMONT,

ARREST
DU CONSEIL D'ESTAT DU ROY,

Du septiéme Decembre 1688.

QUI Exempte le Bœuf sallé d'Irlande, qui Entrera en France, par les Ports du Havre, Nantes, S. Malo, la Rochelle & Bordeaux, & qui y sera Declaré pour les Isles Françoises de l'Amerique, des Cent sols du Cent pesant, Ordonné par l'Arrest du Conseil du vingt-neuf Juin dernier.

Extrait des Registres du Conseil d'Estat.

SUR ce qui a esté representé au Roy en son Conseil, par les Marchands & Negocians qui Trafiquent aux Isles Françoises de l'Amerique; Que Sa Majesté ayant par Arrest de sondit Conseil du vingt-neuf Juin dernier, Ordonné qu'il sera Levé aux Entrées du Royaume, Cent sols du Cent pesant de toutes les Chairs sallées, venant des Païs Estrangers, les Supplians estant obligez de faire leurs Carguaison, en partie de Bœuf sallé d'Irlande, qui fait la principale Subsistance des Habitans desdites Isles, si ledit Arrest estoit executé à leur égard, ils ne pourroient plus continuer ce Commerce, dautant que le Baril de Bœuf sallé d'Irlande du poids de Deux cens livres, que les Supplians achetent ordinairement Dix livres, leur reviendront avec le nouveau Droit à Vingt livres; Ce qui en rendroit le prix excessif ausdites Isles, & y causeroit la disette: A quoy estant necessaire de pourvoir. VEU ledit Arrest du Conseil du vingt-neuf Juin 1688. Oüy le Rapport du Sieur le Pelletier, Conseiller ordinaire au Conseil Royal, Contrôlleur General des Finances. LE ROY EN SON CONSEIL, A ORDONNÉ

& Ordonne, Que le Bœuf ſallé d'Irlande, qui Entrera par les Ports du Havre, de Nantes, Saint Malo, la Rochelle & Bourdeaux, & qui y ſera Declaré pour les Iſles Françoiſes de l'Amerique, ſera Exempt du Droit porté par ledit Arreſt du Conſeil du vingt-neuf Juin 1688. A condition qu'en attendant que le Chargement s'en puiſſe faire, dans les Vaiſſeaux deſtinez pour leſdites Iſles, il ſera Entrepoſé dans un Magazin, ſous deux Clefs differentes, dont l'une ſera miſe entre les mains du Commis de l'Adjudicataire des Cinq groſſes Fermes, & l'autre ſera gardée par les Marchands, ou par celuy qui ſera par eux Prépoſé, pour eſtre ledit Bœuf ſallé tranſporté auſdites Iſles, quand l'occaſion s'en preſentera, comme il auroit pû eſtre auparavant ledit Arreſt du vingt-neuf Juin 1688. En prenant par les Marchands, des Acquits à Caution, leſquels ils ſeront tenus de rapporter Déchargez en bonne forme, par les Commis des Fermes qui ſont eſtablis eſdites Iſles, dans le temps dont ils ſeront convenus, A peine de mil livres d'Amende, & du quadruple des Droits. FAIT au Conſeil d'Eſtat du Roy, tenu à Verſailles, le ſeptiéme jour de Decembre mil ſix cens quatre-vingt-huit. Collationné, Signé, DE FREMONT.

ARREST
DU CONSEIL D'ESTAT DU ROY,
Du septiéme Decembre 1688.

QUI oblige ceux qui se rendront Adjudicataires des Draperies Estrangeres, qui auront esté Saisies en fraude, de les transporter hors du Royaume, sans payer aucun Droit ; Aux conditions y portées.

Extrait des Registres du Conseil d'Estat.

LE ROY s'estant fait representer en son Conseil, les Arrests rendus en iceluy les huit Novembre & vingt-trois Decembre 1687. Par lesquels Sa Majesté a Ordonné que les Draperies Estrangeres, mentionnées ausdits Arrests, ne pourront Entrer dans le Royaume, à commencer du premier Janvier 1688. que par les Ports de Calais & S. Valery, A peine de Confiscation des Marchandises, Voitures, Chevaux, Equipages, & de Trois mil livres d'Amende, Declarant tous les autres Ports, Chemins & Passages, mesme la Ville de Sedan, Voyes obliques & prohibées. Autre Arrest du Conseil du vingt-sept Decembre audit an, Portant que la moitié des Confiscations qui seront faites en vertu desdits Arrests, appartiendra aux Dénonciateurs & Particuliers qui auront arresté les Draps & Estoffes de Laines mentionnées ausdits Arrests, Entrans par autres Ports que ceux de Calais & S. Valery. Et voulant de plus en plus favoriser les Manufactures des Draperies establies dans le Royaume : Oüy le Rapport du Sieur le Pelletier, Conseiller ordinaire au Conseil Royal, Contrôlleur General des Finances. SA MAJESTE' EN SON CONSEIL, A ORDONNE' & Ordonne, Que les Draperies Estrangeres mentionnées ausdits Arrests des huit Novembre & vingt-trois Decembre 1687. qui auront esté Saisies Entrant en fraude dans le

Royaume, & Confiſquées, ſeront venduës publiquement en preſence du Juge qui aura adjugé la Confiſcation, ou de celuy qui ſera par luy Prépoſé à cét effet, Pour eſtre le prix diſtribué par moitié entre le Fermier des Cinq groſſes Fermes, & le Dénonciateur, ſi aucun y a; A la charge par ceux qui s'en rendront Adjudicataires, de les tranſporter hors du Royaume, dans le temps qui ſera limité par l'Adjudication, auquel effet il en ſera fait des Inventaires auſſi-toſt aprés l'Ajudication, au pied deſquels les Adjudicataires feront leur Declaration du Bureau par leſquels ils entendront faire Sortir leſdites Draperies, avec Soûmiſſion d'en rapporter un Certificat des Commis dudit Bureau, dans le temps qui leur ſera accordé, A peine d'en payer le prix une ſeconde fois. Moyennant leſquelles Conditions, Veut & entend Sa Majeſté, que leſdites Marchandiſes puiſſent Sortir ſans payer aucun Droit. ENJOINT aux Sieurs Intendans & Commiſſaires Départis dans les Provinces & Generalitez du Royaume; & aux Juges des Fermes de tenir la main à l'execution du preſent Arreſt. FAIT au Conſeil d'Eſtat du Roy, tenu à Verſailles, le ſeptiéme jour de Decembre mil ſix cens quatre-vingt-huit. Collationné, Signé, DE FREMONT.

ARREST
DU CONSEIL D'ESTAT DU ROY,
SA MAJESTÉ Y ESTANT.

Du vingt-neuf Janvier 1689.

QUI ORDONNE, Que les Marchandises venuës à Marseille, par la Flotte de Cadix, qui seront destinées pour le dedans du Royaume, y Entreront en payant les mesmes Droits qu'elles auroient payez, si elles estoient arrivées à droiture à Saint Malo : Et que les Matieres d'Or & d'Argent, y Entreront & seront transportées en iceluy, sans payer aucun Droit.

Extrait des Registres du Conseil d'Estat.

SUR la Requeste présentée au Roy, estant en son Conseil, par les Marchands & Negocians de la Ville de Saint Malo, & autres Interessez en la Carquaison des Fregattes chargées des Effets des François, provenant du retour de la Flotte des Indes ; Contenant qu'ayant plû à Sa Majesté, pour la sureté desdits Effets, de donner ses Ordres au Sieur de Chasteaurenaud, Commendant les Vaisseaux de Sa Majesté, de conduire les Fregattes des Supplians, de Cadix à Marseille ; Ce transport de leurs Effets les engage à des frais pour les Voitures, Commissions & autres, qu'ils n'eussent pas esté obligez de supporter, si le retour s'en estoit pû faire dans le mesme Port d'où leurs Fregattes sont parties ; Et craignant outre cela, qu'il ne leur soit fait beaucoup de difficultez, dans les Bureaux des Fermes

NOTA. *Cét Arrest-cy est Confirmé, par un autre du septiéme Juin 1689. cy-aprés ; Pour les Matieres d'Or & d'Argent.*

du

du Roy, & autres, par lesquels ils seront obligez de passer, en traversant le Royaume: Mesme que faisant passer les Matieres d'Or & d'Argent par la Ville de Lyon, les Fermiers de la Doüanne n'en pretendent exiger les Droits. A CES CAUSES, Requeroient lesdits Supplians qu'il plût à Sa Majesté sur ce leur pourvoir. VEU ladite Requeste : Et Oüy le Rapport du Sieur le Pelletier, Conseiller ordinaire au Conseil Royal, Contrôlleur General des Finances. LE ROY EN SON CONSEIL, A ORDONNE' & Ordonne, Que les Marchandises venuës à Marseille, par la Flotte de Cadix, qui seront destinées pour le dedans du Royaume, y Entreront en payant seulement les mesmes Droits qu'elles auroient payez, si elles estoient arrivées à droiture à S. Malo, & de-là passées dans les Provinces & Païs de leur destination; Qu'à cét effet, il sera fait des Declarations de la quantité, qualité desdites Marchandises & du lieu de leur destination, au premier Bureau d'Entrée des environs de Marseille, où il sera pris des Acquits à Caution, & que les Caisses & Ballots seront Plomblez, pour estre Visitez seulement, & les Droits acquittez dans les Villes & Lieux de la destination desdites Marchandises, où les Bureaux de la Doüanne sont establis, ou au dernier Bureau par lequel passeront lesdites Marchandises, pour arriver au lieu de leur destination. FAIT Sa Majesté Deffenses aux Commis de ses Fermiers, mesme à ceux du Tiers-Surtaux & Subvention de Lyon, & aux Préposez à la Levée des Octrois des Villes & Peages, d'arrester lesdites Caisses & Ballots, ny d'exiger à leur Passage aucuns Droits pour iceux, à peine d'en répondre en leurs propres & privez noms. Et à l'égard des Matieres d'Or & d'Argent venuës par la mesme Flotte, VEUT & Ordonne Sa Majesté, qu'elles puissent Entrer & estre transportées librement dans toutes les Provinces & Villes du Royaume, mesme en la Ville de Lyon, sans payer les Droits de Doüanne & autres, dont Sa Majesté les Décharge & Exempte pour cette fois, & sans tirer à conséquence. FAIT au Conseil d'Estat du Roy, Sa Majesté y estant, tenu à Versailles, le vingt-neuviéme jour de Janvier mil six cens quatre-vingt-neuf. Signé, COLBERT.

ARREST
DU CONSEIL D'ESTAT DU ROY,

Du quinziéme Février 1689.

QUI ORDONNE, Que les Peaux de Chevres apprestées, & celles de Mouton passées en blanc ou jaunes & autres couleurs, en façon de Chamois, qui seront apportées des Païs Estrangers ; ne payeront à l'Entrée du Royaume, que les Droits ordinaires, suivant le Tarif du dix-huit Avril 1687.

Extrait des Registres du Conseil d'Estat.

LE ROY s'estant fait representer en son Conseil, l'Arrest rendu en iceluy le premier Février de la presente année 1689. Par lequel Sa Majesté, conformément à deux precedents Arrests de son Conseil des huit Novembre 1687. & sept Septembre 1688. A Ordonné que les Peaux de Veaux & autres Cuirs corroyez, venans des Païs Estrangers, payeront aux Entrées du Royaume, Vingt pour Cent de leur valeur ; Et son intention n'estant point d'assujettir au payement du mesme Droit de Vingt pour Cent, les Peaux de Chevres apprestées, ny celles de Mouton passées en blanc ou jaune & autres couleurs, en façon de Chamois : OÜY le Rapport du Sieur le Pelletier, Conseiller ordinaire au Conseil Royal, Contrôlleur General des Finances. SA MAJESTE' EN SON CONSEIL, En interpretant en tant que besoin seroit, lesdits Arrests de son Conseil des huit Novembre 1687. sept Septembre 1688. & premier Février 1689. A ORDONNE' & Ordonne, Que les Peaux de Chevres apprê-

NOTA. *Cét Arrest cy est Confirmé par un autre du deuxiéme May 1689. qui est au Recüeil cy-devant.* . . . . page 65

tées, & celles de Mouton passées en blanc ou jaune & autres couleurs, en façon de Chamois, qui seront apportées des Païs Estrangers, ne payeront à l'Entrée du Royaume, Que les Droits ordinaires & accoustumez, suivant le Tarif du dix-huit Avril 1667. FAIT Sa Majesté Deffenses à Maistre Pierre Domergue, Adjudicataire General des Cinq grosses Fermes, ses Procureurs & Commis; de Lever sur lesdites Peaux de Chevres & de Mouton, d'autres plus grands Droits que ceux portez par ledit Tarif de 1667. à peine de Concussion. ENIOINT aux Sieurs Intendans & Commissaires Départis dans les Provinces; Ensemble aux Juges des Fermes, de tenir la main à l'execution du present Arrest. FAIT au Conseil d'Estat du Roy, tenu à Versailles, le quinziéme jour de Février mil six cens quatre-vingt-neuf. Collationné. Signé, ROUILLET.

ARREST

DU CONSEIL D'ESTAT DU ROY

Du huitiéme Mars 1689.

QUI Décharge les Castors provenans des Colonies Françoises de Canada, qui seront apportez dans le Royaume, pour le Compte des Fermiers du Domaine d'Occident, des Droits portez par l'Arrest du vingt-quatre Mars 1685. &c.

Extrait des Registres du Conseil d'Estat.

SUR les Requestes presentées au Roy en son Conseil, par Maistre Jean Oudiette, Jean Fauconnet & Pierre Domergue, anciens & nouveaux Fermiers du Domaine d'Occident; CONTENANT, que Sa Majesté ayant esté Informée, qu'il Entroit dans le Royaume beaucoup de Castor en Poil & en Peaux, venans des Païs Estrangers, & que cette abondance portoit un grand préjudice au Colonies Françoises de Canada, qui n'ont aucun autre moyen pour subsister, que le Commerce des Castors qu'ils traitent avec les Sauvages dudit Païs de Canada, & qu'ils vendent audit Fermiers du Domaine d'Occident, au prix Fixé par l'Arrest du Conseil du seize May 1677. Le Roy pour remedier à cét abus, & donner moyen ausdites Colonies Françoises de Canada de se soûtenir, auroit par Arrest de son Conseil du vingt-quatre Mars 1685. imposé à l'Entrée desdits Castors Estrangers ;. Sçavoir, Un Ecu sur chaque livre desdits Castors en Peaux ; Et six francs pour chacune livre desdits Castors en Poil ; Lequel Arrest rendu en faveur desdites Colonies, aussi bien que des Fermiers desdits Domaines, n'a pas laissé de former une Contestation entre les Fermiers dudit Domaine Entrans & ceux Sortans de ladite Ferme ; Ceux-là pretendans que les Castors restant aprés l'Expiration des Baux, doivent estre sujets au payement des Droits portez par ledit Arrest, quoy qu'ils proviennent desdites Colonies ; Ceux-cy au contraire soûtenans que lesdits Castors ne venans pas des Païs Estrangers, & n'estans pas Entrez en fraude, & faisant partie du produit de leur Ferme, doivent estre Exempts du payement dudit nouveau Droit, n'estans pas dans le cas dudit Arrest. A Ces Causes, Requeroient les Supplians, qu'il plût à Sa Majesté sur ce leur pourvoir. VEU par Sa Majesté lesdites Requestes. Les Arrests du Conseil des seize May 1677. & vingt-quatre Mars 1685. Oüy le Rapport du Sieur le Pelletier, Conseiller ordinaire au Conseil Royal, Contrôlleur General des Finances. LE ROY EN SON CONSEIL, A Ordonné & Ordonne, Que les Castors provenans des Colonies Françoises de Canada, qui seront apportées dans le Royaume, pour le Compte des Fermiers du Domaine d'Occident, ne seront point sujets au Droit porté par ledit Arrest du Conseil du vingt-quatre Mars 1685. A la charge que lesdits Fermiers à l'expiration de leur Bail, délivreront au Fermier Successeur, un double de la Declaration desdits Castors, Quinzaine aprés qu'elle aura esté faite au Port où ils seront arrivez, & qu'il luy remettra lesdits Castors en nature, dans trois mois au plus tard, à compter du jour de ladite Déclaration. Fait au Conseil d'Estat du Roy, tenu à Versailles, le huitiéme jour de Mars mil six cens quatre-vingt neuf. Collationné. Signé, ROUILLET.

ARREST

DU CONSEIL D'ESTAT DU ROY,

Du septiéme Juin 1689.

QUI ORDONNE, Que toutes les Matieres d'Or & d'Argent, qui seront Déchargées à Marseille, & autres Ports du Royaume, par quelques Personnes & Vaisseaux Estrangers que ce soit, seront transportées és Villes de Lyon, Paris & autres, sans payer aucuns Droits.

Extrait des Registres du Conseil d'Estat.

LE ROY s'estant fait representer l'Arrest rendu en son Conseil le vingt-neuf Janvier dernier; Par lequel Sa Majesté auroit Ordonné que les Matieres d'Or & d'Argent venuës par la derniere Flotte, Entreroient & seroient transportées librement dans toutes les Provinces du Royaume, mesme en la Ville de Lyon, sans payer les Droits de Doüannes & autres, dont Sa Majesté les auroit Déchargez pour cette fois, & sans tirer à conséquence. Et Sa Majesté estant Informée que plusieurs Marchands & Negocians François, sont obligez de se servir des Vaisseaux neutres, pour retirer les Effets que les François ont en Espagne, & de les faire décharger à Marseille, pour les transporter ensuite dans le Royaume; Et voulant leur accorder la mesme grace que celle portée par ledit Arrest: OüY le Rapport du Sieur le Pelletier, Conseiller ordinaire au Conseil Royal, Contrôlleur General des Finances. SA MAJESTE' EN SON CONSEIL, A ORDONNE' & Ordonne, Que toutes les Matieres d'Or & d'Argent qui seront déchargées à Marseille & autres Ports du Royaume, par quelques Personnes & Vaisseaux Estrangers que ce soit, seront transportées és Villes de Lyon, Paris, & autres, sans payer aucuns Droits. FAIT Sa Majesté Deffenses aux Commis des Fermes Unies, mesme à ceux du Tiers-Surtaux & Quarantiéme de Lyon, & aux Préposez à la Levée des Octrois des Villes & Peages des Seigneurs, de prendre à leurs Passages aucuns Droits pour lesdites Matieres & Especes, à peine d'estre contraints à la Restitution. ENJOINT Sa Majesté aux Sieurs Intendans & Commissaires Départis dans les Provinces, de tenir la main à l'execution du present Arrest. FAIT au Conseil d'Estat du Roy, tenu à Versailles, le septiéme jour de Juin mil six cens quatre-vingt-neuf. Collationné. Signé, COQUILLE.

ARREST

DU CONSEIL D'ESTAT DU ROY,

Du quatorziéme Juin 1689.

PORTANT Continuation du Transit, aux Marchands, Negocians & autres Habitans des Villes & Païs Conquis, ou Cedez à Sa Majesté en Flandres : Et leur Permet au lieu du Bureau de Strasbourg, de faire Sortir leurs Manufactures par le Bureau de Langres.

Extrait des Registres du Conseil d'Estat.

SUR ce qui a esté representé au Roy en son Conseil, par les Negocians des Villes & Païs Conquis ou Cedez à Sa Majesté en Flandres, & par les Entrepreneurs des Voitures des Marchandises desdites Villes & Païs; Qu'ayant plû à Sa Majesté par l'Arrest de son Conseil du quinze Juin 1688. d'accorder la continuation du Transit pour les Manufactures desdits Païs, & choses servans à icelle, Elle auroit désigné entr'autres Bureaux celuy de Strasbourg, pour la Sortie desdites Marchandises; Ensuite dequoy lesdites Marchandises Sortant de la Ville de l'Isle pour l'Allemagne, la Suisse & partie d'Italie, auroient tenu jusqu'à present la Route de Peronne, Rheims, Sainte Menehoud & Strasbourg, dont on les a fait passer dans les Païs pour lesquels elles estoient destinées : Mais depuis la

Declaration de la Guerre, il y a tant de difficultez sur la Route de Strasbourg, qu'il est presque impossible de s'en servir, tant à cause des risques de la Guerre, que parce que l'on ne trouve plus en ladite Ville un assez grande quantité de Marchandises d'Allemagne, pour le retour des Roulliers ; Ce qui augmente considerablement le prix des Voitures. A CES CAUSES, Requeroient lesdits Negocians, qu'il plût à Sa Majesté leur permettre de changer de Route, durant la presente Guerre, & pour cét effet de désigner un autre Bureau à l'extremité du Royaume, pour aller à droiture à Basle. VEU ledit Arrest du Conseil du quinze Juin 1688. & OÜY le Rapport du Sieur le Pelletier, Conseiller ordinaire au Conseil Royal, Contrôlleur General des Finances. LE ROY EN SON CONSEIL, A ORDONNE' & Ordonne, Que les Marchands, Negocians & autres Habitans des Villes & Païs Conquis par Sa Majesté, ou qui luy ont esté Cedez en Flandres, continuëront de joüir de la liberté du Transit, pour leurs Manufactures & choses servans à icelles, suivant & conformément audit Arrest du Conseil du quinze Juin 1688. Et pour leur en faciliter le Commerce durant la presente Guerre, Sa Majesté leur a Permis & permet au lieu du Bureau de Strasbourg, de faire Sortir leurs Manufactures par le Bureau de Langres, pour aller de-là en droiture à Basle ; Et de faire Entrer par la mesme Route les choses servans à la fabrication de leursdites Manufactures ; A la charge d'observer toutes les formes prescrites par ledit Arrest du Conseil du quinze Juin 1688. aux peines portées par iceluy. FAIT au Conseil d'Estat du Roy, tenu à Versailles, le quatorze Juin mil six cens quatre-vingt-neuf. Collationné, Signé, COQUILLE.

ARREST CONTRADICTOIRE. DU CONSEIL D'ESTAT DU ROY,

Du vingt-six Juillet 1689.

QUI maintient les Habitans de la Ville d'Auxonne, en la joüissance de leurs Privileges & Exemptions : Et leur Permet de Negocier, Trafiquer & transporter dedans & dehors le Royaume, ce qui sera de leur Crû, Manufactures & autres ; Aux Charges & Conditions y portées, &c.

Extrait des Registres du Conseil d'Estat.

VEU par le Roy en son Conseil, l'Arrest rendu en iceluy le dix Avril 1688. sur la Requeste presentée à Sa Majesté, par Maistre Pierre Domergue, Fermier General des Gabelles, Cinq grosses Fermes, & autres Fermes Unies ; Contre les Privileges & Exemptions des Droits de Sorties du Royaume, par les Habitans de la Ville d'Auxonne, Portant que dans un mois, à compter du jour de la Signification dudit Arrest, les Maires, Eschevins & Habitans d'Auxonne, seroient tenus de representer pardevant le Sieur de Harlay, Conseiller d'Estat, pour lors Intendant de Justice, Police & Finance en Bourgogne, les Titres & Privileges en vertu desquels ils pretendent joüir des Exemptions des Droits de Sortie des Cinq grosses Fermes ; Lesquels seroient Communiquez audit Domergue, ou à ses Procureurs & Commis, & ensuite dressé Procés Verbal d'iceux, & des dires & contestations des Parties, pour ledit Procés envoyé, Veu & rapporté au Conseil, avec l'Avis dudit Sieur de Harlay, estre sur le tout Ordonné ce qu'il appartiendra ; l'Exploit de Signification d'iceluy, aux Maire,

Maire, Eſchevins & Habitans d'Auxonne, des vingt-un & vingt cinq May enſuivant. Le Procés Verbal dreſſé le vingt-huit Janvier 1689. Par le Sieur d'Argouges, Conſeiller du Roy, Maiſtre des Requeſte ordinaire de ſon Hoſtel, Intendant de Juſtice, Police & Finances en Bourgogne, au lieu dudit Sieur de Harlay, de la Repreſentation faite pardevant ledit Sieur d'Argouges, par les Maire, Eſchevins & Habitans d'Auxonne, des Titres & Pieces juſtificatives de leurs Privileges & Exemptions des Droits de Sorties; Contenant auſſi les Dires & Conteſtations d'entre leſdits Habitans d'Auxonne; Et ledit Domergue : Et l'Avis dudit Sieur d'Argouges, eſtant enſuite dudit Procés Verbal, Portant que ſi par l'Article II. du Titre commun des Fermes, des Ordonnances des mois de May & Juin 1680. Il eſt dit que nul ne doit eſtre Exempt des Drois deûs à Sa Majeſté, ſinon ceux qui ſont compris dans les meſmes Ordonnances; Il eſt en meſme temps porté que Sa Majeſté n'entend point préjudicier aux Privileges & Exemptions de Droits dont les Villes, Bourgs & Paroiſſes avoient joüi auparavant, en vertu des Lettres de Conceſſion des Roys ſes Predeceſſeurs, & de Confirmation de Sa Majeſté; A l'exception des Droits eſtablis depuis leſdites Conceſſions & Confirmations, auſquels les Lieux Exempts des anciens, demeurent aſſujettis : Et comme il paroiſt bien eſtably que depuis l'année 1450. les Habitans d'Auxonne ont eſté Exempts des Droits en queſtion, & que les Privileges de cette Communauté ont eſté Confirmez par differentes Lettres Patentes, tant en 1481. par le Roy Loüis XI. en 1530. par François Premier, & en 1620. par le feu Roy Loüis XIII. que par Sa Majeſté en 1644. il eſtime ſous le bon plaiſir de Sa Majeſté, qu'il y ait lieu de les Maintenir & Conſerver dans tous les Privileges & Franchiſes à eux accordées par leſdites Lettres, & qu'à cette fin l'Arreſt du Conſeil rendu ſur pareille Conteſtation, le vingt-neuf May 1604. ſera executé ſelon ſa forme & teneur; Ce faiſant Permis auſdits Habitans de Negocier, Trafiquer & tranſporter tant dedans que dehors le Royaume, tout ce qui ſera de leur Crû & Manufactures, ſuivant leurſdits Privileges & Arreſts, ſans payer les Droits de Traites, Foraines, & pareillement toutes autres Denrées & Marchandiſes qui ſeroient amenées d'ailleurs, vendus & achetées dans la Ville, & tranſportées hors du Royaume, ſans payer leſdits Droits, pourvû que celles cy-aprés mentionnez ayant fait ſejour en icelle, ſçavoir,

Le Bled & le Vin, deux mois ; Les Harans, trois ſemaines ; Le Beſtial, dix jours; Les Balles de Merceries & Draperies & les Toilles Eſtrangeres, un mois ; Et le Fer & l'Huile, un mois ; Pour la Reconnoiſſance duquel ſejour, ceux qui auront amené leſdites Marchandiſes, ſeront tenus d'en porter les Acquits au Bureau de la Foraine, où les y aller Dénoncer & faire écrire en un Regiſtre, qui pour cét effet ſera dreſſé ; Et dont pour l'Enregiſtrement, le Commis aura douze deniers, & autant pour l'Endoſſement des Acquits à Caution, qu'il donnera des Marchandiſes amenées, afin de délivrer lors du tranſport d'icelles, les Acquits de payement ou Franchiſe, aux cas cy-deſſus ; Pour leſquels Acquits de Payement ou Franchiſe, ſera payé Deux ſols au Commis, Auſquel ſejour ne ſeront compris les Draps vendus en détail en ladite Ville, juſqu'à cinq aulnes & au deſſous, ny les menuës Merceries, ny pareillement les Denrées qui ſeront venduës en détail juſqu'à un quarteron de Harans, Vins en Barils ou Bouteilles, juſqu'à douze Pintes, & du Bled & Legumes juſqu'à deux Boiſſeaux à la fois, pour une meſme Perſonne, pour leſquelles choſes ne ſera payé aucun Droit: Comme auſſi pour les Marchandiſes & Denrées qui Sortiront de ladite Ville pour eſtre venduës hors le Royaume pour leſdits Habitans d'Auxonne & qui n'y auront pas eſté vendus, ains ſeront rapportez en icelle, & repreſentez au Bureau dedans dix jours, ne payeront leſdits Droits, mais en ſeront les Regiſtres Déchargez. Et pour empeſcher leſdits Habitans d'en abuſer, il leur ſera fait Deffenſes de preſter leurs noms, pour faire paſſer aucunes Marchandiſes, à peine de Confiſcation, Mil livres d'Amende, & de privation de leurs Privileges pour ceux qui auront contrevenu, & pour la Poſterité, ſans eſperance de Rétabliſſement, ny que la Confiſcation & Amende puiſſe eſtre moderées : Le tout ſans préjudice de l'Augmentation des Droits deûs à Sa Majeſté, Eſtablis depuis les Lettres Patentes de Sa Majeſté du mois de May 1644. leſquels ſeront payez, conformément aux Edits, Arreſts & Reglemens ſur ce intervenus. Copies Collationnées d'un Jugement donné par les Gens du Conſeil & des Comptes du Duc de Bourgogne, le ſeize Decembre 1450. Par lequel entr'autres choſes, les Habitans de la Ville d'Auxonne ont eſté maintenus en leurs Privileges de ne payer aucun Droit de Reſve, & Haut-Paſſage. Les Lettres Patentes du Roy Loüis XI. du vingt-neuf Decembre 1481. Portant Permiſsion à tous Marchands, de tirer d'Auxonne les Marchandises qu'ils acheteroient, sans payer la Traite, Resve, Transport & autres Charges, Imposts & Subsides sur ce requises, conduites du Royaume à l'Empire. Autres Lettres Patentes accordées par le Roy François premier, le seize May 1530. contenant la Confirmation des precedentes. Copie Collationnée de l'Arrest du Conseil du vingt-neuf May 1604. Par lequel lesdits Habitans ont esté maintenus dans leurs Privileges, ainsi qu'ils en avoient joüi, aux conditions y portées. Lettres Patentes du feu Loüis XIII. du mois de Juin 1620. contenant la Confirmation des mesmes Privileges. Autres Lettres Patentes de Sa Majesté, du mois de May 1644. Confirmations des precedentes. Lettres de Suranation d'icelles, du deux May 1683. Registrées au Parlement de Dijon, le vingtiéme des mesmes mois & an. Arrest dudit Parlement de Dijon du dix-sept Janvier 1684. Par lequel entr'autres choses, les Habitans d'Auxonne ont esté maintenus & gardez en leurs Privileges & Exemptions, suivant l'Arrest du Conseil du vingt-neuf May 1604. & ceux dudit Parlement. Autre Arrest d'iceluy du onze Février 1688. Contradictoire entre lesdits Habitans d'Auxonne : Et Pierre Domergue, Fermier General des Cinq grosses Fermes & autres Unies ; Portant que les Parties se pourvoiroient, & cependant sous le bon plaisir de Sa Majesté, que les Arrests du Conseil du vingt-neuf May 1604. & du Parlement de Dijon du dix-sept Janvier 1684. seront Executez par provision, en donnant par lesdits Habitans bonne & suffisante Caution pardevant le Juge des Traites. VEU aussi les Ordonnances de Sa Majesté des mois de May & Juin 1680. & Février 1687. Portant Reglement pour les Fermes des Gabelles, Aydes & Cinq grosses Fermes ; Ensemble les Memoires & Escrits tant de la part dudit Domergue, que des Habitans d'Auxonne : Et OÜY le Rapport du Sieur le Pelletier, Conseiller d'Estat ordinaire, Intendant des Finances. LE ROY EN SON CONSEIL, A ORDONNÉ & Ordonne, Conformément à l'Avis dudit Sieur d'Argouges, du vingt-huit Janvier 1689. Que les Maire & Eschevins & Habitans de la Ville d'Auxonne, seront maintenus & gardez en la Joüissance de leurs Privileges & Exemptions, suivant l'Arrest du Conseil du vingt-neuf May 1604. lequel sera executé selon sa forme & teneur ; Ce faisant, Permet Sa Majesté ausdits Habitans de Negocier, Trafiquer & transporter tant dedans que dehors le Royaume, tout ce qui sera de leur Crû & Manufacture, sans payer les Droits de Traites Foraines, Resve, Haut & bas Passage, & semblablement toutes autres Denrées & Marchandises qui seront amenées d'ailleurs, venduës & achetées en ladite Ville & transportées hors du Royaume, sans payer lesdits Droits ; Pourveu que celles cy-aprés mentionnées ayent fait sejour en ladite Ville, sçavoir, le Bled & le Vin, de deux mois ; Les Harans, trois semaines ; Le Bestial, dix jours ; Les Balles de Merceries & Draperies, dix jours ; Les Toilles Estrangeres, deux mois ; Le Fer & l'Huille, un mois ; Pour la Reconnoissance duquel sejour, ceux qui auront amené lesdites Denrées & Marchandises, seront tenus d'en porter les Acquits de Caution, au Bureau de la Foraine, ou les y aller Dénoncer & faire Escrire dans un Registre qui sera tenu pour cét effet : Pour l'Enregistrement desquels, le Commis aura douze deniers, & autre Douze deniers pour l'Endossement desdits Acquits à Caution ou Certificats, qu'il donnera des Marchandises amenées, afin de délivrer lors du Transport d'icelles, les Acquits de payement ou Franchises au cas cy-dessus ; Pour lesquels Acquits de payement ou Franchises, sera payé Deux sols audit Commis : Auquel sejour ne seront compris les Draps qui seront vendus en détail dedans ladite Ville jusqu'à cinq aunes & au dessous, ny les menuës Merceries, ny pareillement les Denrées qui seront vendues en détail jusqu'à un quarteron de Harans, Vin en Barils ou Bouteilles jusqu'à douze Pintes, & les Bleds ou Legumes jusqu'à deux Boisseaux à la fois, pour une mesme Personne, pour lesquelles choses ne sera payé aucun Droit. A l'égard des Marchandises & Denrées qui Sortiront de ladite Ville, pour estre venduës hors le Royaume, par lesdits Habitans d'Auxonne, & qui n'y auront esté vendus, mais seront rapportez en icelle, & representées audit Bureau dans dix jours, elles ne payeront point de Droits, & les Registres en seront Déchargez. Et pour empescher lesdits Habitans d'abuser de leurs Privileges, Sa Majeste fait Deffenses, à tous en general, & à chacun d'eux en particulier, de prester leurs Noms pour faire passer aucunes Marchandises dans les Païs Estrangers, à peine de Confiscation, Mil livres d'Amende, & de privation desdits Privileges, pour ceux qui y auront Contrevenu & pour leur Posterité, sans esperance de Rétablissement, ny que la Confiscation & l'Amende puissent estre remises ny moderées. Fait au

Conſeil d'Eſtat du Roy, tenu à Verſailles, le vingt-ſixiéme jour de Juillet mil ſix cens quatre-vingt-neuf. Collationné. Signé, RANCHIN.

ARREST
DU CONSEIL D'ESTAT DU ROY

SA MAJESTE' Y ESTANT.

Du ſeiziéme Aouſt 1689.

QUI Décharge les Laines deſtinées pour la Manufacture de Draps eſtablie en la Ville de Straſbourg, de l'ancien Droit qui ſe Leve ſur les Laines Sortans du Royaume, juſqu'à la concurrence de Vingt Milliers peſant par an, pendant le temps que durera la preſente Guerre, &c.

Extrait des Regiſtres du Conſeil d'Eſtat.

SUR la Requeſte preſentée au Roy eſtant en ſon Conſeil, par Nicolas Herſſ & Jacques Hoſer, Entrepreneurs de la Manufacture des Draps en la Ville de Strasbourg ; CONTENANT, Que Sa Majeſté pour leur donner moyen de ſoûtenir ladite Manufacture, les auroit, par Arreſt de ſon Conſeil d'Eſtat du deux Juin dernier, & pour les cauſes & conſiderations y contenuës, Déchargez du nouveau Droit de Vingt livres, qu'elle auroit Ordonné eſtre Levé par l'Arreſt dudit Conſeil du ſeize Mars 1688. ſur chaque Cent peſant de Laines qui Sortiroient du Royaume, pour ladite Manufacture de Straſbourg, & ce juſqu'à la concurrence de Vingt Milliers par an,

Et par Arreſt du 22. Février 1695. Il eſt Ordonné qu'il ſera prix Trois livres pour Droits de Sortie du Cent peſant des Laines qui ſeront portées en la Flandres Françoiſe, & eſtre employées aux Manufactures.

pendant le temps que dureroit la presente Guerre ; A la charge toutesfois par lesdits Supplians, de payer les anciens Droits establis & qui se percevoient sur lesdites Laines, avant ledit Arrest dudit jour seize Mars 1688. Mais parce que le Fermier General des Cinq grosses Fermes & autres Unies, ou ses Procureurs & Commis, pretendent de faire payer ausdits Supplians, Quinze livres l'ancien Droit, sur chaque Cent pesant de Laines Sortant du Royaume, & que bien loin d'y pouvoir satisfaire, ils seroient necessitez de faire revendre les Laines dont ils ont déja fait Emplette dans le Païs, ou de faire cesser le travail des Draps de ladite Manufacture, jusqu'à ce qu'ils eussent la liberté d'en faire venir des Païs Estrangers, ce qui neantmoins seroit préjudiciable aux interests de Sa Majesté ; Requeroient pour ces Causes lesdits Supplians, qu'il luy plût de les vouloir faire Décharger dudit ancien Droit. VEU ladite Requeste : OÜY sur ce le Sieur Marquis de Louvois Sur-Intendant General des Bastimens de Sa Majesté, Arts & Manufactures de France ; Et tout consideré. SA MAJESTE' ESTANT EN SON CONSEIL, ayant égard à ladite Requeste, A Déchargé & Décharge lesdits Supplians, de l'ancien Droit qui se Leve sur les Laines Sortans du Royaume, & ce pour celles qui seront destinées pour ladite Manufacture de Strasbourg, & jusqu'à la concurrence de Vingt milliers pesant par an, pendant le temps que durera la presente Guerre. FAIT pour cette fin Sa Majesté, Deffenses audit Fermier General des Cinq grosses Fermes & autres Unies, ses Procureurs & Commis, d'exiger desdits Supplians aucuns Droits, sur ladite quantité de Vingt milliers pesant de Laines, par chacun an, durant ledit temps ; A la Charge toutefois par lesdits Supplians, d'employer lesdites Laines, à la Fabrique des Draps de ladite Manufacture de Strasbourg, à peine de déchoir du benefice accordé par le present Arrest. FAIT au Conseil d'Estat du Roy, Sa Majesté y estant, tenu à Versailles, le seiziéme jour d'Aoust mil six cens quatre-vingt-neuf. Signé, LE TELLIER.

ARREST

DU CONSEIL D'ESTAT DU ROY,

Du dernier Decembre 1689.

QUI ORDONNE, Que les Laines d'Espagne, destinées pour les Provinces qui sont dans l'étenduë des Cinq grosses Fermes, venans par Terre par Bayonne ou par Bordeaux, durant l'année 1690. ne payeront pour tous Droits d'Entrée, que ceux portez par le Tarif du dix-huit Septembre 1664.

Extrait des Registres du Conseil d'Estat.

SUR ce qui a esté representé au Roy en son Conseil, par les Marchands & Negocians faisant le Commerce des Laines d'Espagne, Que leur estant impossible de faire venir presentement lesdites Laines par Mer, à cause de la Guerre, ils sont obligez de les faire Voiturer par Terre, ce qui leur cause de grands frais; Que s'ils estoient obligez, outre cela, de payer tous les Droits qui sont deûs au Passage de diverses Provinces, ils ne pourroient pas les faire transporter jusqu'aux Villes où sont establies les Manufactures de Draps & autres Estoffes ausquelles lesdites Laines doivent estre employées. A CES CAUSES, Requeroient lesdits Supplians, qu'il plût à Sa Majesté Ordonner que lors que lesdites Laines seront declarées pour les Provinces qui sont dans l'estenduë des Cinq grosses Fermes, elles ne payeront que les Droits d'Entrée portez par le Tarif du mois

NOTA. *Cét Arrest a esté Confirmé, & le temps porté par iceluy, prorogé & continué durant les années suivantes. Par les Arrests des 7. Novembre* 1690. 22. *Janvier & 28. Octobre* 1692. 17. *Mars* 1693. 13. *Mars* 1694. 27. *Avril* 1695. 28. *Mars* 1696. *cy aprés.*

de Septembre 1664. comme si elles estoient Entrées par Roüen, ou autres Ports des Cinq grosses Fermes ; A quoy Sa Majesté desirant pourvoir : OÜY le Rapport du Sieur Phelypeaux de Pontchartrain, Conseiller ordinaire au Conseil Royal, Contrôlleur General des Finances. LE ROY EN SON CONSEIL, A ORDONNE' & Ordonne, Que les Laines d'Espagne destinées pour les Provinces qui sont dans l'étenduë des Cinq grosses Fermes, venans par Terre par Bayonne ou par Bordeaux, durant l'année 1690. ne payeront pour tous Droits d'Entrée, que ceux portez par le Tarif du dix-huit Septembre 1664. de mesme que si elles estoient venuës à droiture par Roüen, ou autres Ports des Provinces sujettes aux Cinq grosses Fermes. FAIT Sa Majesté Deffenses à Maistre Pierre Domergue, Fermier General des Cinq grosses Fermes & autres Unies, ses Procureurs & Commis, d'exigers d'autres Droits sur lesdites Laines, à peine de Concussion. ENJOINT aux Sieurs Intendans & Commissaires Départis dans les Provinces & Generalitez du Royaume, mesme aux Juges des Fermes où ils sont establis, de tenir la main à l'execution du present Arrest, qui sera Leu, publié & affiché par tout où besoin sera. FAIT au Conseil d'Estat du Roy, tenu à Versailles le trente-un Decembre mil six cens quatre-vingt-neuf. Collationné. Signé, DE LAISTRE.

ARREST

ARREST

DU CONSEIL D'ESTAT DU ROY,

Du vingt-uniéme Février 1690.

EN faveur des Habitans de Honfleur, & autres Villes de la Province de Normandie : Portant qu'il ne sera perçû pour le Droit de Consommation des Moluës Tries, Lingues, Raguet, & Poisson Vitié, provenans de leurs Pesches, que Trente sols pour Cent, &c.

Extrait des Registres du Conseil d'Estat.

SUR ce qui a esté representé au Roy en son Conseil, par les Habitans & Pescheurs de la Ville de Honfleur, Marchands de Salines de la Ville de Roüen, & autres de la Province de Normandie ; Que le Tarif arresté en iceluy, le vingt-deux Juillet 1681. pour la Perception des Droits d'Abord & de Consommation sur le Poisson de Mer, Frais, Sec & Salé, Portant à l'égard du Droit de Consommation, qu'il sera payé pour chacun Cent de Moluë verte en pile, Quatre livres huit deniers : Le Fermier des Cinq grosses Fermes, dans le Bail duquel ces Droits sont compris, pretend de faire payer lesdites Quatre livres huit deniers, pour toutes sortes de Moluës sans distinction, & ne veut avoir aucun égard aux Reductions dudit Droit, qui ont esté faites par le passé, suivant les differentes qualitez du Poisson ; Qu'il est constant toutesfois que tout le Poisson d'une mesme Pesche, n'est pas de la mesme qualité, & qu'il se fait ordinairement plusieurs distinctions des Moluës, la plus parfaite est qualifiée Moluë Marchande, & celle qui luy est inferieure en qualité, est appellée Trie, Lingue, Raguet & Poisson Vitié ; Que toutes ces sortes de Moluës sont de differents prix, la Moluë Marchande se vendant Cinquante & Soixante livres le Cent, & l'inferieure se donne quelquefois à Douze & Quinze livres le

Cent; Que si la Moluë Marchande ne doit, suivant le Tarif du mois de Juillet 1681. que Quatre livres huit deniers, il n'est pas juste que la Moluë inferieure, paye le mesme Droit. Que le Droit de Consommation a esté establi de mesme que celuy d'Abord & de Sortie, par la Declaration du dixiéme Février 1635. au lieu des Droits attribuez aux anciens Vendeurs de Poisson de Mer, Frais, Sec & Salé, Créez par Edits de 1571. & de 1583. par toutes les Villes du Royaume, lesquels furent Suprimez par la mesme Declaration, à l'exception de ceux de la Ville & Fauxbourgs de Paris: Mais les Habitans de la Province de Normandie, ont esté déchargez du Droit d'Abord pour le Poisson de leur Pesche. Et à l'égard du Droit de Consommation ou Transport, qui est deû aussi bien par les Habitans de la Province de Normandie, que par les Estrangers; Comme par la Declaration de 1635. Les Marchands Vendeurs avoient l'Option de payer le Droit fixé par ladite Declaration, ou le Sol pour livre de la valeur du Poisson, & qu'il arrive souvent des Contestations entre le Fermier & les Marchands, sur les differents prix des Poissons; Les anciens Fermiers auroient fait des Conventions avec les Marchands, suivant lesquelles ledit Droit auroit esté Reduit selon sa qualité des Poissons: Ce que les Fermiers suivans n'ayant pas toûjours voulu tenir, les Contestations seroient renouvellées, & auroient donné lieu à plusieurs Arrests du Conseil, notamment à ceux des six Novembre 1664. & vingt-six Mars 1665. rendus en faveur des Habitans & Pescheurs des Villes du Havre & de Dieppe; Par lesquels le Droit de Consommation sur les Moluës, a esté Réduit en faveur des Pescheurs desdites Villes, & en consideration des grands frais qu'ils font pour leur Pesche, à Trente-quatre sols pour Cent de Moluës Tries, Lingues, Raguets & Poisson Vitié & gâté. Qu'encore que lesdits Arrests portent une exclusion, non seulement pour les Estrangers, mais encore pour tous les François, qui ne sont point Bourgeois & Habitans desdites Villes, neantmoins la pluspart des autres Villes de Normandie, n'auroient pas laissé de joüir de la mesme Réduction. Que celles de S. Vallery, & Fescamp particulierement ont toûjours joüy de la Reduction du Droit de Consommation; Et semblablement les Marchands de Salines de Roüen, à l'égard des Moluës de Honfleur, transportées à Roüen. Qu'à l'égard des Pescheurs de la Ville de Honfleur, ils seroient convenus moyennant une remise d'un Vingtiéme de tout le Poisson de leur Pesche, de payer le Droit en entier pour ce qui se consomme chez eux, mais que toutefois ils ne les doivent pas, puis que le Droit n'est deû qu'au Transport. Qu'au fonds les frais que font les Pescheurs de ladite Ville, estant aussi grands que ceux des Villes du Havre & de Dieppe, puis qu'ils sont obligez d'aller prendre le Sel qui leur est necessaire, à la Rochelle, il n'y a pas de raison de leur faire payer de plus grands Droits, qu'aux autres Pescheurs de la mesme Province; Qu'ils ne doivent point estre de pire condition que les autres; Que cette grande inégalité de Droit, entre des Villes si proches & si voisines, les ruineroit absolument, & les contraindroit d'abandonner tout le Commerce, dans la veuë duquel ils ont dépensé depuis peu, plus de Cent cinquante mil livres pour le Rétablissement de leur Port; Ce qui deviendroit inutile, dont Sa Majesté souffriroit un notable préjudice, par la perte de Douze ou Quinze cens des meilleurs Matelots qui se font journellement en la Ville de Honfleur, par le moyen de la Pesche, outre qu'un grand nombre de Personnes qui y gagnent leur vie seroient reduites à l'extremité. A CES CAUSES, Requeroient les Supplians qu'il plût à Sa Majesté, declarer les Arrests des six Novembre 1664. & vingt-six Mars 1665. rendus en faveur des Villes du Havre & Dieppe, communs avec celle de Honfleur, & tous les autres Ports & Havres de la Province de Normandie; Ce faisant que le Droit de Consommation, ne sera levé sur les Moluës provenans de leurs Pesches, qu'à raison de Trente-quatre sols pour Cent de Moluë Trie, Lingues, Raguet, & Poisson Vitié indistinctement, si mieux n'aime Sa Majesté, Ordonner qu'ils payeront le Sol pour livre du prix desdites Moluës suivant l'Option qui leur est referée par la Declaration du mois de Février 1635. VEU aussi ladite Declaration du dixiéme Février 1635. Lesdits Arrests du Conseil des six Novembre 1664. & vingt-sixiéme Mars 1665. Certificats des principaux Habitans des lieux de Fescamp & S. Vallery en Caux, signez conjointement par les Commis du Fermier, des vingt-quatre & vingt-neuviéme Octobre 1689. Les Memoires fournis par Maître Pierre Domergue, Adjudicataire General des Cinq grosses Fermes, & autres Unies; Ensemble l'Avis du Sieur de Chamillard, Conseiller du Roy en ses Conseils, Maistre des Requestes ordinaire de son Hostel, Commissaire Départy en la Generalité de Roüen, du vingtiéme May 1689. Et OÜY le Rapport du Sieur le Pelletier, Conseiller d'Estat ordinaire, Intendant des Finances. LE ROY

EN SON CONSEIL, conformément à l'Avis dudit Sieur de Chamillard du vingtiéme May 1689. A ORDONNÉ & Ordonne, Qu'il ne sera perçû pour le Droit de Consommation des Moluës Tries, Lingues, Raguet & Poisson Vitié, qui se rencontre parmy les Moluës Poisson Marchand, provenant des Pesches des Habitans de Honfleur, & autres Villes de la Province de Normandie, qui se transportent en ladite Ville de Roüen, & autres Lieux de ladite Province, pour y estre Consommez, que Trente-quatre sols pour Cent desdites Moulës Tries, Lingues, Raguet & Poisson Vitié, au lieu de Quatre livres huit deniers portées par le Tarif du mois de Juillet 1681. Et sans que les Estrangers, ny mesme les François des autres Provinces, qui ne sont point Bourgeois ny Habitans de ladite Ville de Honfleur, & autres de ladite Province de Normandie, puissent se prévaloir de ladite Diminution, ny en pretendre aucune semblable, pour le Poisson de leur Pesche, qu'ils pourront apporter en ladite Province. ENJOINT Sa Majesté au Sieur Commissaire Départy pour l'execution de ses Ordres, en la Generalité de Roüen, de tenir la main à l'Execution du present Arrest. FAIT au Conseil d'Estat du Roy, tenu à Versailles, le vingt-uniéme jour de Février mil six cens quatre-vingt-dix. Collationné. Signé, ROUILLET.

L'ARREST DU CONSEIL D'ESTAT,

Du treiziéme Juin 1690.

QUI Ordonne, Que les Sucres Bruts des Isles Françoises de l'Amerique, Rafinez à Bordeaux, qui seront transportez hors du Royaume, par l'étendue des Doüannes de Lyon & Valence, y passeront sans payer aucuns Droits, est cy-devant *page* 85

ARREST
DU CONSEIL D'ESTAT DU ROY,

Du douziéme Septembre 1690.

QUI Décharge des Droits de Traite Foraine, les Marchandises de Charbon de Terre, des Mines de Nivernois, qui seront transportez dans les autres Provinces du Royaume.

Extrait des Registres du Conseil d'Estat.

SUR la Requeste presentée au Roy en son Conseil, par Nicolas Martin; CONTENANT, qu'en execution de l'Arrest du Conseil du dix-neuf Avril 1689. il a entrepris l'ouverture & foüillé les Minieres de Charbon de Terre en Nivernois, à une lieuë & demie de la Ville de Dezize; Et dans le dessein d'en tirer une assez grande quantité pour les besoins du Royaume, il auroit fait venir du Païs de Liege, des Ouvriers entendus à la foüille desdits Charbons, & auroit fait construire des Machines pour tirer par la force des Chevaux, les Charbons & les Eauës, ce qui l'auroit constitué en des dépenses tres-considerables; Mesme pour faciliter le transport desdits Charbons de la Mine, jusqu'au Port de la Loire, il auroit esté obligé de faire élever des Chaussées, & Construire des Ponts, dans un grand chemin, qui sert au Passage des Troupes de Dezize à S. Sauge, lequel il auroit de plus fait Paver. Et comme Sa Majesté auroit eu la bonté de Décharger les Charbons d'Auvergne, de tous Droits de Traites Foraines, par Arrest de son Conseil du vingt-sept Juin 1671. en consideration des Dépenses faites pour les Transports desdits Charbons, quoy qu'elles fussent beaucoup moindres que celles faites par le Suppliant, qui montent à plus de Cent mil livres. A CES CAUSES, Requeroit ledit Suppliant, qu'il plût à Sa Majesté sur ce luy pourvoir; Ce faisant declarer ledit Arrest du Conseil du vingt-sept Juin 1672. commun avec le Suppliant, & décharger les Charbons des Minieres de Nivernois, desdits Droits de Traites Foraines, ainsi que ceux qui viennent d'Auvergne. VEU ladite Requeste; Lesdits Arrests du Conseil des vingt-sept Juin 1672. & dix-neuf Avril 1689. Et Oüy le Rapport du Sieur Phelypeaux de Pontchartrain, Conseiller ordinaire au Conseil Royal, Contrôlleur General des Finances. LE ROY EN SON CONSEIL, ayant égard à ladite Requeste, A Déclaré & Declare l'Arrest dudit Conseil du vingt-sept Juin 1672. commun avec le Suppliant; Et en consequence, A Déchargé & Décharge les Marchandises de Charbon de Terre des Mines de Nivernois, qui seront transportées dans les autres Provinces du Royaume, du payement des Droits de Traites Foraines. FAIT Sa Majesté Deffenses, aux Commis préposez à la Perception desdits Droits, d'en exiger aucuns, & de retarder ny empescher la Voiture desdites Marchandises, à peine d'estre contraint à la Restitution, & de tous dépens, dommages & interests. FAIT au Conseil d'Estat du Roy, tenu à Versailles, le douziéme jour de Septembre mil six cens quatre-vingt-dix. Collationné. Signé, RANCHIN.

ARREST
DU CONSEIL D'ESTAT DU ROY,

Du septiéme Novembre 1690.

QUI ORDONNE, Que les Laines d'Espagne, destinées pour les Provinces qui sont dans l'Estenduë des Cinq grosses Fermes, venant par Terre par Bayonne, ou par Bordeaux, durant l'année prochaine 1691. Ne payeront pour tous Droits d'Entrée, que ceux portez par le Tarif du dix-huit Septembre 1664. &c.

Extrait des Registres du Conseil d'Estat.

LE ROY ayant par Arrest de son Conseil du dernier Decembre 1689. Permis aux Marchands & Negocians qui font le Commerce des Laines d'Espagne, de les faire venir par Terre dans l'étenduë des Cinq grosses Fermes, par Bayonne ou par Bordeaux, pendant la presente année 1690. En payant seulement les Droits d'Entrée portez par le Tarif du dix-huit Septembre 1664. de mesme que si lesdites Laines estoient venuës à droiture par Roüen ou autres Ports, des Provinces sujettes aux Cinq grosses Fermes. Et voulant en faveur des Manufactures de Draperie du Royaume, accorder la mesme Permission pendant l'année prochaine 1691. OÜY le Rapport du Sieur Phelypeaux de Pontchartrain, Conseiller ordinaire au Conseil Royal, Contrôlleur General des Finances. SA MAJESTE' EN SON CONSEIL, A ORDONNE' & Ordonne, Que les Laines d'Espagne, destinées pour les Provinces qui sont dans l'étenduë des Cinq grosses Fermes, venant par Terre par Bayonne ou par Bordeaux, durant l'année prochaine 1691. ne payeront pour tous Droits d'Entrée, que ceux portez par le Tarif du dix-huit Septembre 1664. de mesme que si elles estoient venuës à Droiture par Roüen, ou autres Ports des Provinces sujettes aux Droits des Cinq grosses Fermes. FAIT Sa Majesté Deffenses à Maistre Pierre Domergue, Fermier General des Cinq grosses Fermes, & autres Fermes-Unies, ses Procureurs & Commis, d'exiger d'autres Droits sur lesdites Laines, à peine de Concussion. ENJOINT au Sieurs Intendans & Commissaires Départis dans les Provinces & Generalitez du Royaume; Mesme aux Juges des Fermes où ils sont establis, de tenir la main à l'execution du present Arrest, qui sera Leu, Publié & Affiché par tout où besoin sera. FAIT au Conseil d'Estat du Roy, tenu à Versailles, le septiéme jour de Novembre mil six cens quatre-vingt-dix. Collationné. Signé, DE LAISTRE.

ARREST
DU CONSEIL D'ESTAT DU ROY, SA MAJESTE' Y ESTANT.

Du vingt-deux Févrior 1691.

QUI Permet le Transit des Toilles de Normandie, Bretagne & de Laval, par Terre, pour Marseille, jusqu'au premier Novembre prochain, Sans payer autres Droits, que ceux qu'ils auroient payé pour leur Sortie par Mer hors du Royaume, &c.

Extrait des Registres du Conseil d'Estat.

SUR ce qui a esté Remontré au Roy, Sa Majesté estant en son Conseil, par les Negocians qui font le Commerce des Toilles de Normandie, Bretagne & de Laval, dans les

NOTA. *Par les Arrests des* 28. *Aoust* 1691. *&* 8. *Novembre* 1692. 14. *Avril* 1693. *premier Avril* 1694. 27. *Avril* 1695. 5. *Juin* 1696. *&* 14. *Juin* 1697. *cy-*

aprés

après, il est porté la mesme chose, & le temps dudit Transit prorogé: Et aussi pour les Chapeaux de Castors & Dentelles de Soyes.

Par Arrest du premier Juin 1693. Il est Ordonné que jusqu'au premier Octobre prochain, les Toilles fabriquées en Bretagne, que les Negocians feront porter à l'Isle, pour Sortir du Royaume, seront Déchargez de tous Droits, en faisant Soumission, &c.

Et par Arrest du 16. Mars 1695. Il est permis pendant un an, de faire passer Debout sans Entrepost, jusqu'à Bayonne & de-là en Espagne, desdites Toilles, Chapeaux de Castors & des Dentelles de Soyes; En faisant Declaration, &c.

Païs Estrangers; Que les difficultez qu'ils trouvent presentement pour le Transport desdites Toilles, dans la Mer Mediterranée, particulierement à cause des risques des Corsaires Ennemis & Forbans, & qu'ils ne pourront les faire passer par Terre au travers du Royaume, à cause des differents Droits deûs à Sa Majesté, des Peages, Droits d'Octrois & autres jusqu'à Marseille, au de-là de ce qu'ils devroient pour les seuls Droits de Sortie, en les chargeant aux Ports de Ponant, pour les envoyer directement aux lieux de leur destination: A quoy estant necessaire de Pourvoir, LE ROY ESTANT EN SON CONSEIL, A ORDONNÉ & Ordonne, Pour faciliter le Commerce de ses Sujets, Que jusqu'au premier Novembre prochain, ceux qui voudront faire porter lesdites Toilles à Marseille, en feront Declaration de la quantité & qualité, au premier Bureau de la Route, où ils ne payeront autres ny plus grands Droits, que ceux qu'ils auroient payé pour faire Sortir lesdites Toilles hors du Royaume par Mer; Auquel Bureau les Balles & Ballots seront plombez & enficelez, & passeront Debout & sans Entrepost, jusqu'à ladite Ville de Marseille, sur les Acquits des Payemens desdits Droits, & sur les Soûmissions que les Marchands feront esdits Bureaux, de rapporter dans deux mois, Certificat du Passage, Signé par les Commis des Cinq grosses Fermes, des Bureaux de Lyon, Valence, & des environs de ladite Ville de Marseille, & de la Décharge dans icelle; Sans que par lesdits Commis, il puisse leur estre demandé aucuns Droits quels qu'ils puissent estre, ny pour aucuns Peages, Octrois & autres generalement, dont Sa Majesté les a Déchargé: Faisant Deffenses à tous ses Fermiers, aux Propriétaires & Engagistes desdits Peages & Octrois & tous autres, d'en exiger aucuns pendant ledit temps, à peine de Concussion. ENJOINT Sadite Majesté, aux Intendans & Commissaires Départis dans les Provinces, & à tous ses Officiers & Sujets, de tenir la main à l'execution du present Arrest; Nonobstant Oppositions ou empeschemens quelconques, pour lesquels ne sera differé. FAIT au Conseil d'Estat du Roy, Sa Majesté y estant, tenu à Versailles, le vingt-deuxiéme jour de Février mil six cens quatre-vingt-onze. Signé, PHELYPEAUX.

ARREST
DU CONSEIL D'ESTAT DU ROY,

SA MAJESTÉ Y ESTANT.

Du vingt-quatriéme Février 1691.

QUI ORDONNE, Conformément à l'Arrest du quatorze Aoust 1688. Qu'il sera par le Sieur de Pommereu, Intendant en Bretagne, ou son Subdelegué, fait Inventaire des Toilles de Cotton blanches, & Estoffes d'Or & d'Argent & Escorces d'Arbres, qui seront dans les Vaisseaux appartenant à la Compagnie des Indes Orientales, pour estre ensuite Marquées & Venduës en la Ville de Nantes, & les Droits payez, suivant ledit Arrest: Et fait Deffenses aux Directeurs de ladite Compagnie, de les faire Entrer par d'autres Endroits, à peine, &c.

Extrait des Registres du Conseil d'Estat.

LE ROY ayant par Arrest de son Conseil, du dixiéme du present mois, fait trés-expresses inhibitions & deffenses à toutes sortes de Personnes de quelque qualité & condition qu'elles soient, d'apporter & faire Entrer dans le Royaume, aucunes Toilles de Cotton & Mousselines des Indes, à peine de Confiscation desdites Toilles & Moussélines, & de Trois mil livres d'Amende: Et à Maistre Pierre Domergue, Fermier General des Cinq grosses Fermes, ses Procureurs & Commis, de laisser passer lesdites Toilles de Cotton blanches & Moussélines par les Bureaux d'Entrée, à peine de semblable Amende, & d'en répondre en leurs propres & privez noms. Et Sa Majesté estant Informée que depuis ledit Arrest, il est arrivé à Brest un Vaisseau appartenant à la Compagnie des Indes Orientales, dans lequel il peut y avoir des Toilles de Cotton blanches, & des Estoffes d'Or & d'Argent & Escorces d'Arbres, dont l'Entrée a esté permise à ladite Compagnie, par Arrest du Conseil du quatorziéme Aoust 1688. Et voulant traiter favorablement ladite Compagnie, & la faire joüir des Privileges qui luy ont esté accordez : Oüy le Rapport du Sieur Phelypeaux de Pontchartrain, Conseiller ordinaire au Conseil Royal, Contrôlleur General des Finances. SA MAJESTE' ESTANT EN SON CONSEIL, A ORDONNE' & Ordonne, conformément audit Arrest du quatorziéme Aoust 1688. Que par le Sieur de Pommereu, Conseiller d'Estat, Intendant de Justice, Police & Finances en la Province de Bretagne, ou celuy qui sera par luy Subdelegué, il sera fait un Inventaire exact des Toilles de Cotton blanches, & Estoffes d'Or & d'Argent & Escorces d'Arbres, qui se trouveront dans le Vaisseau de ladite Compagnie des Indes Orientales, pour estre ensuite Marquées de la Marque qui sera choisie par ledit Sieur de Pommereu, & Venduës en la Ville de Nantes, & les Droits payez conformément audit Arrest du quatorziéme Aoust 1688. FAIT Deffenses aux Directeurs de ladite Compagnie, de les faire Entrer par autres endroits, à peine de Confiscation, & de Trois mil livres d'Amende. FAIT au Conseil d'Estat du Roy, Sa Majesté y estant, tenu à Versailles, le vingt-quatriéme jour de Février mil six cens quatre-vingt-onze. Signé, PHELYPEAUX.

ARREST
CONTRADICTOIRE
DU CONSEIL D'ESTAT DU ROY,
Du vingtiéme Mars 1691.

QUI Décharge les Tabacs du Bresil, que Maistre Pierre Domergue, fera venir par Marseille, au Bureau de la Doüanne de Paris, des Droits de Tiers-Sur-Taux & Quarantiéme, qui se levent par les Prevosts des Marchands & Eschevins de Lyon, tant que la Guerre durera ; En faisant par les Commis dudit Domergue, ou les Voituriers desdits Tabacs, leurs Soûmissions de rapporter Certificat de la Décente desdits Tabacs audit Bureau.

Extrait des Registres du Conseil d'Estat.

VEU par le Roy en son Conseil, la Requeste presentée en iceluy, par Maistre Pierre Domergue, Fermier General des Gabelles, Cinq grosses Fermes, Tabac & autres Fermes-Unies ; CONTENANT, Que le Tabac de Bresil faisant la principale Consommation du Royaume, & ce Tabac ayant coûtume de venir de Lisbonne par l'Ocean, le Commerce s'en est trouvé interrompu par la conjoncture presente de la Guerre : Ce qui auroit obligé le Suppliant de faire venir ledit Tabac par la Mediterranée, & de faire passer par Lyon, la Provision de Paris & de ses dépendances ; Ce qui luy cause des frais de Voitures extraordinaires, qui consomment toute la Remise du Suppliant, parce que Sa Majesté n'accorde point d'Augmentation de prix sur ledit Tabac, nonobstant ladite Augmentation de Dépense ; Cependant le Suppliant ayant fait venir Deux cens cinquante Rôlles de Tabac de

Bresil, les Eschevins de Lyon ont voulu les saisir & arrester, pretendant leur faire payer les Droits de Tiers-sur-Taux, & Quarantiéme, sans avoir égard que ce n'est qu'un Emprunt de Chemin, & qu'un Passe-Debout, qui n'acquiert aucun Droit à ladite Ville, comme il est arrivé à l'égard des Marchands de Dauphiné & de Provence qui Negocient à Geneve & en Suisse, & qui avoient coûtume de faire passer leurs Marchandises par la Savoye, ausquels il a esté Permis de les faire conduire à Geneve par Bugey, en passant par Lyon, sans en payer les Droits de la Doüanne, ny du Tiers-sur-Taux, & Quarantiéme: Ausquels motifs, les Prevost des Marchands, & Eschevins de ladite Ville de Lyon auroient répondu, que le Tabac est dans leur Tarif, & en doit par conséquent les Droits. Et dautant qu'il est necessaire de prevenir de plus amples Contestations, tant en ladite Ville de Lyon, qu'autres. A CES CAUSES, Requeroit le Suppliant, qu'il plût à Sa Majesté sur ce luy pourvoir; Ce faisant, Ordonner que les Tabacs qui passeront par la Ville de Lyon, pour la Consommation des autres Provinces, & Départemens, seront Exempts des Droits de Tiers-sur-Taux, & Quarantiéme, en faisant par les Voituriers, ou Commis des Fermes, les Soûmissions necessaires de rapporter le Certificat de Décente, dans les Bureaux de leur destination. L'Ordonnance de Sa Majesté du mois de Juillet 1681. sur le fait du Tabac. La Réponse fournie par les Prevost des Marchands, & Eschevins de ladite Ville de Lyon, ausquels ladite Requeste a esté Communiquée. La Replique dudit Domergue: Et OÜY le Rapport du Sieur Phelypeaux de Pontchartrain, Conseiller ordinaire au Conseil Royal, Contrôlleur General des Finances. LE ROY EN SON CONSEIL, A Déchargé & Décharge, tant que la Guerre durera, les Tabacs de Bresil que ledit Domergue fera venir par Marseille, au Bureau de la Doüanne à Paris, des Droits de Tiers-sur-Taux, & Quarantiéme, qui se levent par les Prevost des Marchands & Eschevins de ladite Ville de Lyon; En faisant par les Commis dudit Domergue, ou les Voituriers desdits Tabacs, leurs Soûmissions de rapporter Certificat de la Décente desdits Tabacs, au Bureau de la Doüanne à Paris. FAIT au Conseil d'Estat du Roy, tenu à Paris, le vingtiéme jour de Mars mil six cens quatre-vingt-onze. Collationné. Signé, ROUILLET.

ARREST

DU CONSEIL D'ESTAT DU ROY,

Du dix-neuviéme Juin 1691.

QUI Regle les Droits d'Entrée, de Sortie, & Droit Local deûs au Bureau de Calais, à Trente-six sols pour chacun Baril de Sel du Poids de Trois cens livres, qui en Sortira pour l'Artois, Flandres, & Païs Conquis: Et fait Deffenses à Maistre Pierre Domergue, d'en faire aucune Composition.

Extrait des Registres du Conseil d'Estat.

SUR ce qui a esté representé au Roy en son Conseil, Que Sa Majesté pour engager les Marchands qui font Commerce de Sel dans les Provinces de Flandres, Artois, Haynault, & autres Païs Conquis, à le faire Entrer par le Bureau de Dunkerque, afin d'en éloigner le Passage autant qu'il seroit possible, de la Frontiere des Gabelles de France; Elle auroit Ordonné par Arrest du Conseil du quatre Decembre 1681. qu'au lieu de Six livres deûs par le Tarif de 1671. pour chaque Raziere de Sel du Poids de Deux cens cinquante livres, il seroit seulement payé Trente sols au Bureau de Dunkerque: Mais parce que Maistre Pierre Domergue, qui est en Droit de lever sur le Sel qui passe par Calais, pour estre transporté dans les Païs Conquis, Quarante-deux sols huit deniers, par Baril du poids de Trois cens livres; Sçavoir, Vingt-un sols deux deniers pour l'Entrée dans Calais, Dix-huit deniers à la Sortie, sur le pied de Vingt-cinq sols pour Muid, suivant le Tarif de 1664. & Vingt-sols pour le Droit de Local, de Quinze sols Parisis, Sol & Six deniers, suivant l'Article 244. du Bail à luy fait le dix-huit Mars 1687. ne leve neantmoins que Vingt-deux sols huit deniers par Baril, pour tous

Droits d'Entrée & de Sortie, les Marchands ont pris la Route de Calais, pour y faire passer tout le Sel de leur Commerce; Ce qui est trés-préjudiciable aux Negocians de Dunkerque, au Produit du Bureau qui y est Estably, & aux Fermiers des Gabelles de France. A quoy estant necessaire de pourvoir, par une Fixation de Droits proportionnée à ceux du Bureau de Dunkerque : Oüy le Rapport du Sieur Phelypeaux de Pontchartrain, Conseiller ordinaire au Conseil Royal, Contrôlleur General des Finances. SA MAJESTE' EN SON CONSEIL, A Moderé & Fixé les Droits d'Entrée, de Sortie, & Droit Local deûs au Bureau de Calais, à Trente-six sols pour chaque Baril de Sel du poids d'environ Trois cens livres, qui en Sortira pour les Provinces d'Artois, Flandres, & autres Païs Conquis. FAIT Sa Majesté, Deffenses à Maistre Pierre Domergue, Fermier General des Cinq grosses Fermes, d'en faire aucune Remise ny Composition, à peine de Trois mil livres d'Amende. FAIT au Conseil d'Estat du Roy, tenu à Versailles, le dix-neuviéme jour de Juin mil six cens quatre-vingt-onze. Collationné. Signé, RANCHIN.

ARREST
DU CONSEIL D'ESTAT DU ROY, SA MAJESTE' Y ESTANT.

Du vingt-huit Aoust 1691.

QUI Permet le Transit des Toilles de Normandie, Bretagne & Laval ; Des Chapeaux de Castor, & des Dentelles de Soyes, par Terre pour Marseille, jusqu'au premier May 1692. Sans payer autres Droits que ceux qu'ils auroient payé pour leur Sortie par Mer, hors du Royaume, &c.

Extrait des Registres du Conseil d'Estat.

LE ROY s'estant fait representer en son Conseil, l'Arrest rendu en iceluy le vingt-deux Février dernier ; Par lequel, pour faciliter le Commerce de ses Sujets, pour le transport des Toilles de Normandie, Bretagne & Laval par Marseille, pour de-là les envoyer aux Païs où ils ont accoustumé de les Debiter, ausquels il leur est difficile de les porter à droiture, à cause des risques des Corsaires Ennemis, la Permission leur a esté accordée de faire porter jusqu'au premier Novembre prochain, lesdites Toilles debout & sans Entrepost jusqu'audit Marseille, sans payer aucuns autres Droits que ceux qu'ils auroient payé en les faisant Sortir hors du Royaume par Mer : Sadite Majesté auroit esté Informée, qu'ils n'ont pas pû se servir du temps qui s'est passé, du délay qui leur a esté donné, & qu'il est necessaire qu'ils soient assurez d'en avoir un plus étendu, pour les mesures qu'ils ont à prendre pour faire Fabriquer lesdites Toilles ; Et que plusieurs Negocians se trouvent surchargez de Chapeaux de Castor, & de Dentelles de Soyes, Fabriquez pour l'Estranger, qu'ils pourroient aussi Debiter par la voye de Marseille, s'il plaisoit à Sa Majesté, de leur accorder le mesme Transit ;

A quoy estant necessaire de pourvoir. LE ROY ESTANT EN SON CONSEIL, A ORDONNÉ & Ordonne, Que jusqu'au premier May de l'année prochaine 1692. Ceux qui voudront porter à Marseille lesdites Toilles, des Chapeaux de Castor à l'Espagnole, & des Dentelles de Soyes, en feront Declaration de la quantité & qualité, au premier Bureau de la Route, où ils ne payeront autres ny plus grands Droits, que ceux qu'ils auroient payé pour faire Sortir lesdites Toilles, Chapeaux & Dentelles hors du Royaume par Mer; Auquel Bureau les Balles & Ballots seront plombez & enficelez, passeront debout & sans Entrepost, jusqu'à ladite Ville de Marseille, sur les Acquits des Payemens desdits Droits, & sur les Soûmissions que les Marchands feront esdits Bureaux, de rapporter dans deux mois Certificat du Passage, Signé par les Commis des Cinq grosses Fermes, des Bureaux de Lyon, Valence & des environs de ladite Ville de Marseille, & de la décharge dans icelle : Sans que par lesdits Commis, il puisse leur estre demandé aucuns Droits quels qu'ils puissent estre, ny pour aucuns Peages, Octrois & autres generalement, dont Sa Majesté, les a Dechargé; Faisant Deffenses à tous ses Fermiers, aux Propriétaires & Engagistes desdits Peages & Octrois & tous autres, d'en exiger aucuns pendant ledit temps, à peine de Concussion. ENJOINT Sa Majesté aux Intendans & Commissaires Départis dans les Provinces, & à tous ses Officiers & Sujets, de tenir la main à l'execution du present Arrest, nonobstant Oppositions ou empeschemens quelconques, pour lesquels ne sera differé. FAIT au Conseil d'Estat du Roy, Sa Majesté y estant, tenu à Versailles, le vingt-huitiéme jour d'Aoust mil six cens quatre-vingt-onze. Collationné. Signé, PHELYPEAUX.

L'ARREST DU CONSEIL D'ESTAT,

Du quatriéme Octobre 1691.

QUI Ordonne, Que les Moluës Vertes & Seiches de la Pesche des François, payeront seulement les Droits ordinaires & accoûtumez, est cy-devant au premier Recüeil, . . . page 95

ARREST

DU CONSEIL D'ESTAT DU ROY,

Du vingt-deuxiéme Janvier 1692.

QUI ORDONNE, Que les Laines d'Espagne, destinées pour les Provinces qui sont dans l'étenduë des Cinq grosses Fermes, venant par Terre par Bayonne, ou par Bourdeaux, durant l'année 1692. Ne payeront pour tous Droits d'Entrée, que ceux portez par le Tarif du dix-huit Septembre 1664.

Extrait des Registres du Conseil d'Estat.

LE ROY ayant par les Arrests de son Conseil, des dernier Decembre 1689. & sept Novembre 1690. Permis aux Marchands & Negocians qui feront le Commerce des Laines d'Espagne, de les faire venir par Terre dans l'étenduë des Cinq grosses Fermes, par Bayonne ou par Bourdeaux, pendant les années 1690. & 1691. En payant seulement les Droits d'Entrée

NOTA. *Le temps porté par cét Arrest-cy, est prorogé & continué pendant l'année prochaine 1693. par un autre Arrest du 28. Octobre 1692. cy-aprés.*

portez par le Tarif du dix-huit Septembre 1664. de mesme que si lesdites Laines estoient venuës à droiture par Roüen, ou autres Ports des Provinces sujettes aux Cinq grosses Fermes. Et voulant en faveur des Manufactures de Draperie du Royaume, continuer la mesme Provision pendant l'année presente 1692. OÜY le Rapport du Sieur Phelypeaux de Pontchartrain, Conseiller ordinaire au Conseil Royal, Contrôlleur General des Finances. SA MAJESTE' EN SON CONSEIL, A ORDONNE' & Ordonne, Que les Laines d'Espagne d'Estinées pour les Provinces qui seront dans l'étenduë des Cinq grosses Fermes, venant par Terre par Bayonne ou par Bourdeaux, durant la presente année 1692. Ne payeront pour tous Droits d'Entrée, que ceux portez par le Tarif du dix-huit Septembre 1664. de mesme que si elles estoient venuës à droiture par Roüen ou autres Ports des Provinces sujettes aux Droits des Cinq grosses Fermes. FAIT Sa Majesté Deffenses à Maistre Pierre Pointeau, Fermier General des Cinq grosses Fermes & autres Fermes-Unies, ses Procureurs & Commis, d'exiger d'autres Droits sur lesdites Laines, à peine de Concussion. ENJOINT aux Sieurs Intendans & Commissaires Départis dans les Provinces & Generalitez du Royaume; Mesme aux Juges des Fermes où ils sont establis, de tenir la main à l'execution du present Arrest, qui sera Leu, publié & affiché par tout où besoin sera. FAIT au Conseil d'Estat du Roy, tenu à Versailles, le vingt-deuxiéme Janvier mil six cens quatre-vingt-douze. Collationné. Signé, ROUILLET.

L'ARREST DU CONSEIL D'ESTAT,

Du vingt-sixiéme Février 1692.

L'ARREST DU CONSEIL D'ESTAT,

Du dix-septiéme Mars 1692.

L'ARREST DU CONSEIL D'ESTAT,

Du vingt-deux Mars 1692.

L'ARREST DU CONSEIL D'ESTAT,

Du troisiéme Juillet 1692.

ARREST

DU CONSEIL D'ESTAT DU ROY,

SA MAJESTE' Y ESTANT.

Du vingt-huit Octobre 1692.

QUI ORDONNE, Que les Laines d'Espagne, destinées pour les Provinces de l'étenduë des Cinq grosses Fermes, venant par Terre par Bayonne ou par Bordeaux, durant l'année prochaine 1693. Ne payeront pour tous Droits d'Entrées, que ceux portez par le Tarif du dix-huit Septembre 1664. de mesme que si elles estoient venuës par Roüen ou autres Ports, &c.

Extrait des Registres du Conseil d'Estat.

LE ROY ayant par les Arrests de son Conseil, des dernier Decembre 1689. sept Novembre 1690. & vingt-deux Janvier dernier, Permis aux Marchands & Negocians qui font & feront le Commerce des Laines d'Espagne, de les faire venir par Terre, dans l'étenduë des Cinq grosses Fermes, par Bayonne ou par Bordeaux, pendant les années 1690. 1691. & 1692. En payant seulement les Droits d'Entrée portez par le Tarif du dix-huit Septembre 1664. de mesme que si lesdites Laines estoient venuës à droitures par Roüen, ou autres Ports des Provinces sujettes aux Cinq grosses Fermes: Et Voulant en faveur des Manufactures de Draperie du Royaume, continuer la mesme Permission pendant l'année prochaine 1693. OüY le Rapport du Sieur Phelypeaux de Pontchartrain, Conseiller ordinaire au Conseil Royal, Contrôlleur General des Finances. SA MAJESTE' ESTANT EN SON CONSEIL, A ORDONNE' & Ordonne, Que les Laines d'Espagne, destinées pour les Provinces qui seront dans l'étenduë des Cinq grosses Fermes, venant par Terre par Bayonne ou par Bordeaux, durant l'année prochaine 1693. Ne payeront pour tous Droits d'Entrée que ceux portez par le Tarif du dix-huit Septembre 1664. de mesme que si elles estoient venuës à droiture par Roüen, ou autres Ports des Provinces sujettes au Cinq grosses Fermes. FAIT Sa Majesté Deffenses à Maistre Pierre Pointeau, Fermier General des Cinq grosses Fermes, & autres Fermes-Unies, ses Procureurs & Commis, d'exiger d'autres Droits sur lesdites Laines, à peine de Concussion. ENJOINT aux Sieurs Intendans & Commissaires Départis dans les Provinces & Generalitez du Royaume; Mesme aux Juges des Fermes où ils sont establis, de tenir la main à l'execution du present Arrest, qui sera Leu, publié & affiché par tout où besoin sera. FAIT au Conseil d'Estat du Roy, Sa Majesté y estant, tenu à Versailles, le Vingt-huitiéme jour d'Octobre mil six cens quatre-vingt-douze. Signé, PHELYPEAUX.

ARREST

DU CONSEIL D'ESTAT DU ROY, SA MAJESTÉ Y ESTANT.

Du huitiéme Novembre 1692.

QUI Permet le Transit des Toilles ; Des Chapeaux de Castors, & des Dentelles de Soye, par Terre pour Marseille, jusqu'au premier May 1693. en faisant Declaration au premier Bureau de la Route, de la quantité & qualité d'icelles ; Sans payer autres Droits que ceux qu'ils auroient payez pour leur Sortie par Mer hors du Royaume, &c.

Extrait des Registres du Conseil d'Estat.

SUR ce qui a esté cy-devant representé au Roy, que plusieurs Negocians du Royaume, qui font le Commerce dans les Païs Estrangers, des Toilles de Normandie, Bretagne, & Laval, des Chapeaux de Castor, & des Dentelles de Soye, estoient Surchargez desdites Marchandises, faute de les pouvoir envoyer à Droiture ausdits Païs Estrangers, à cause des risques des Corsaires Ennemis ; Sa Majesté leur auroit accordé par les Arrests de son Conseil des vingt-deux Février & vingt-huit Aoust 1691. la Permission de faire passer jusqu'au premier May dernier, lesdites Toilles, Chapeaux & Dentelles, de bout & sans Entrepost jusqu'à Marseille, sans payer d'autres Droits, que ceux qu'ils auroient payez en les faisant Sortir hors du Royaume par Mer : Mais lesdits Negocians ayant fait connoistre à Sa Majesté, qu'ils n'ont pû profiter du temps qui leur a esté donné par lesdits Arrests, pour se défaire de toutes lesdites Marchandises, & qu'ils ne peuvent en faire continuer la Fabrique, s'ils ne sont assurez d'un nouveau delay, pour la Faculté dudit Transit jusqu'à Marseille ; A quoy estant necessaire de pourvoir. SA MAJESTE' ESTANT EN SON CONSEIL, A ORDONNE' & Ordonne, Que jusqu'au premier May de l'année prochaine 1693. Ceux qui voudront porter à Marseille lesdites Toilles, des Chapeaux de Castor à l'Espagnole, & des Dentelles de Soye, en feront Declaration de la quantité & qualité au premier Bureau de la Route, où ils ne payeront autres ny plus grands Droits, que ceux qu'ils auroient payé pour faire Sortir lesdites Toilles, Chapeaux, & Dentelles hors du Royaume par Mer ; Auquel Bureau les Balles & Ballots seront plombez & enficelez, & passeront de bout & sans Entrepost, jusqu'à ladite Ville de Marseille, sur les Acquits de payement desdits Droits, & sur les Soûmissions que les Marchands feront esdits Bureaux, de rapporter dans deux mois, Certificats du Passage, signez par les Commis des Cinq grosses Fermes, des Bureaux de Lyon, Valence & des environs de Marseille, & de la Décharge dans icelles ; Sans que par lesdits Commis il puisse leur estre demandé aucuns Droits quels qu'ils puissent estre, ny pour aucuns Peages, Octrois & autres generalement, dont Sa Majesté les a Déchargez. FAISANT Deffenses à tous ses Fermiers, aux Proprietaires & Engagistes desdits Peages & Octrois, & tous autres, d'en exiger aucuns, pendant ledit temps, à peine de Concussion. ENJOINT Sa Majesté, aux Intendans & Commissaires Départis dans les Provinces, & à tous ses Officiers, de tenir la main à l'execution du present Arrest ; Nonobstant Oppositions ou empeschemens quelconques, pour lesquels ne sera differé. FAIT au Conseil d'Estat du Roy, Sa Majesté y estant, tenu à Versailles, le huitiéme Novembre mil six cens quatre-vingt-douze. Signé, PHELYPEAUX.

ARREST

ARREST

DU CONSEIL D'ESTAT DU ROY,

SA MAJESTÉ Y ESTANT.

Du dix-septiéme Mars 1693.

QUI ORDONNE, Que les Laines Estrangeres, Declarées pour les Provinces de l'Estenduë des Cinq grosses Fermes, venant de Marseille par Terre ou par le Rosne, durant l'Année 1693. Ne payeront pour tous Droits d'Entrée, que ceux portez par le Tarif de la Doüanne de Lyon; A la charge par les Marchands & Voituriers de faire leurs Soûmissions, &c.

Extrait des Registres du Conseil d'Estat.

SUR ce qui a esté Remontré au Roy, Sa Majesté estant en son Conseil, par les Negocians, & par les Manufacturiers de Draps & autres Estoffes de Laine, des Provinces de l'estenduë des Cinq grosses Fermes, des difficultez qu'ils ont à cause de la presente Guerre, pour la Traite des Laines des Païs Estrangers, dont ils ont besoin pour entretenir leurs Fabriques, estans obligez d'avoir recours à Marseille, où il y a un grand abord des Laines de divers Païs; Celles qui trouveroient à y acheter sont si fort encheries, par les frais de Voitures, & par la diversité des Droits deûs, sur les Passages & dans les changemens de Ressort, qu'il leur seroit impossible de s'y pourvoir, s'il ne plaisoit à Sa Majesté les Décharger de tous autres Droits que ceux d'Entrée de la Doüanne de Lyon, conformément à ce qu'elle a ordonné par l'Arrest du Conseil du dernier Decembre 1689. pour le Transit des Laines d'Espagne, venant par Terre par Bayonne, & autres Arrests rendus en consequence, pour la continuation de ce Transit, en ne payant pour tous Droits que ceux portez par le Tarif du dix-huit Septembre 1664. OÜY le Rapport du Sieur Phelypeaux de Pontchartrain, Conseiller ordinaire au Conseil Royal, Contrôlleur General des Finances. SA MAJESTE' ESTANT EN SON CONSEIL, A ORDONNE' & Ordonne, Que les Laines déclarées pour les Provinces de l'estenduë des Cinq grosses Fermes seulement, venant de Marseille par Terre ou par le Rosne, durant l'année 1693. ne payeront pour tous Droits, que ceux d'Entrée portez par le Tarif de la Doüanne de Lyon, sur les Laines Estrangeres ; A la charge par les Marchands & Voituriers, de faire leurs Soûmissions aux Bureaux des Fermes des environs de Marseille ou à celuy d'Arles, de rapporter dans des délais competans, des Certificats en bonne forme, des Commis desdites Fermes, des Bureaux desdites Provinces des Cinq grosses Fermes, de l'Entrée desdites Laines, en la quantité & qualite contenuës és Acquits des Droits de ladite Doüanne de Lyon, qui seront representez à cét effet, à peine de Confiscation & de Quinze cens livres d'Amende. FAIT Sa Majesté Deffenses à Maistre Pierre Pointeau, Fermier General des Cinq grosses Fermes, & autres Fermes Unies, ses Procureurs & Commis & à tous autres, d'exiger d'autres Droits aux Entrées & Passages sur lesdites Laines, à peine de Concussion. VEUT Sa Majesté que celles qui seront déclarées pour tous autres Lieux & Païs que ceux desdites Cinq grosses Fermes, payent les Droits ordinaires & accoûtumez. ENJOINT aux Sieurs Intendans & Commissaires Départis dans les Provinces & Generalitez du Royaume ; Mesme aux Juges des Fermes où ils sont Establis, de tenir la main à l'execution du present Arrest, qui sera Leu, publié & affiché par tout où besoin sera. FAIT au Conseil d'Estat du Roy, Sa Majesté y estant, tenu à Versailles, le dix-septiéme jour de Mars mil six cens quatre-vingt-treize. Signé, PHELYPEAUX.

ARREST
DU CONSEIL D'ESTAT DU ROY,
SA MAJESTE' Y ESTANT.

Du quatorze Avril 1693.

QUI Permet le Transit des Toilles; Des Chappeaux de Castors, & des Dentelles de Soye, par Terre pour Marseille, jusqu'au premier May 1694 En faisant Declaration au premier Bureau de la Route, de la quantité & qualité d'icelles; Sans payer autres Droits que ceux qu'ils auroient payez pour leur Sortie par Mer hors du Royaume, &c.

Extrait des Registres du Conseil d'Estat.

LE ROY s'estant fait representer, Sa Majesté estant en son Conseil, les Arrests rendus en iceluy les vingt-deux Février, vingt-huit Aoust 1691. & huit Novembre 1692. Par lesquels pour faciliter le Commerce de ses Sujets, pour le transport des Toilles de Normandie, Bretagne & Laval, & des Chappeaux de Castor à l'Espagnolle, & des Dentelles de Soye, pour Marseille dans les Païs Estrangers, où ils ont accoûtumé de les debiter, & où il leur est difficile de les porter à droiture, à cause des risques des Corsaires Ennemis; Sa Majesté leur auroit accordé jusqu'au premier May de la presente année, la Faculté de faire passer lesdites Marchandises debout & sans Entrepost jusques audit Marseille, sans payer aucuns autres Droits, que ceux qu'ils auroient payé en les faisant Sortir hors du Royaume par Mer: Et Sadite Majesté ayant esté informée que le temps qui reste à expirer dudit delay, n'est pas suffisant pour décharger lesdits Negocians desdites Toilles, Chappeaux, & Dentelles qui leur seront restez, & pour les Engagemens qu'ils ont pris, d'en continuer la Fabrique ; A quoy voulant pourvoir, & leur donner des asſûrances d'un nouveau délay SA MAJESTE' ESTANT EN SON CONSEIL, A ORDONNE' & Ordonne, Que juſqu'au premier May de l'année prochaine 1694. ceux qui voudront porter à Marſeille deſdites Toilles, des Chapeaux de Caſtor à l'Eſpagnolle, & des Dentelles de Soye, en feront Declaration de la quantité & qualité, au premier Bureau de la Route, où ils ne payeront autres ny plus grands Droits que ceux qu'ils auroient payé pour faire Sortir leſdites Toilles, Chappeaux & Dentelles, hors du Royaume par Mer : Auquel Bureau les Balles & Ballots ſeront plombez & enficelez, & paſſeront debout & ſans Entrepoſt juſqu'à ladite Ville de Marſeille, ſur les Acquits de payement deſdits Droits, & ſur les Soûmiſſions que les Marchands feront eſdits Bureaux, de rapporter dans deux mois Certificat du Paſſage, ſigné par les Commis des Cinq groſſes Fermes, des Bureaux de Lyon, Valence, & des environs de ladite Ville de Marſeille, & de la décharge dans icelle ; Sans que par leſdits Commis il puiſſe leur eſtre demandé aucuns Droits quels qu'ils puiſſent eſtre, ny pour aucuns Peages, Octrois & autres generalement, dont Sa Majeſté les a Déchargé. FAISANT deffenſes à tous ſes Fermiers, aux Proprietaires & Engagiſtes deſdits Peages & Octrois, & tous autres, d'en exiger aucuns pendant ledit temps, à peine de Concuſſion. ENJOINT Sadite Majeſté aux Intendans & Commiſſaires Départis dans les Provinces, & à tous ſes Officiers & Sujets, de tenir la main à l'execution du preſent Arreſt, nonobſtant Oppoſitions ou Empêchemens quelconques, pour leſquels ne ſera differé. FAIT au Conſeil d'Eſtat du Roy, Sa Majeſté y eſtant, tenu à Verſailles, le quatorziéme jour d'Avril mil ſix cens quatre-vingt-treize. Signé, PHELYPEAUX.

ARREST

DU CONSEIL D'ESTAT DU ROY, SA MAJESTÉ Y ESTANT,

Du premier Juin 1693.

QUI Décharge de tous Droits d'Entrée, Sortie & autres, jusqu'au premier Octobre prochain, les Toilles de Bretagne que les Negocians feront porter à l'Isle, pour Sortir du Royaume par Terre : En faisant Declaration & Soûmission de rapporter Certificat du Passage, &c.

Extrait des Registres du Conseil d'Estat.

SUR ce qui a esté Remontré au Roy, Sa Majesté estant en son Conseil, par les Negocians qui font le Commerce des Toilles de Bretagne dans les Païs Estrangers, Qu'ils ne sçauroient les y transporter par Mer, à cause des risques des Corsaires Ennemis & des Forbans, & qu'ils ne les peuvent faire passer au travers du Royaume, à cause des differents Droits dûs à l'Entrée & Sortie des Provinces, des differents ressorts des Fermes de Sa Majesté, & des Peages, Droits d'Octrois, & autres jusqu'à Lille, pour faire Sortir lesdites Toilles, & les envoyer aux Païs Estrangers, par la Flandres : A quoy estant necessaire de pourvoir. LE ROY ESTANT EN SON CONSEIL, A ORDONNÉ & Ordonne, pour faciliter le Commerce de ses Sujets, Que jusqu'au premier Octobre prochain, ceux qui voudront faire porter à Lilles desdites Toilles venant de Bretagne, en feront Declaration de la quantité & qualité, au premier Bureau de l'Entrée des Cinq grosses Fermes, sur la route, où ils ne payeront aucuns Droits ; Auquel Bureau les Balles & Ballots seront Visitez, plombez & enficelez, & passeront debout & sans

Entrepost jusqu'à ladite Ville de Lille, Pour estre portez de-là hors du Royaume par Terre, sur les Soûmissions que les Marchands feront esdits Bureaux, de rapporter dans deux mois, Certificat du Passage signé par les Commis des Cinq grosses Fermes des Bureaux de la route, & de ceux de Lille & de l'extremité de la Flandres Françoise, de la Sortie & du transport desdites Toilles aux Païs Estrangers ; Sans que par lesdits Commis il puisse leur estre demandé aucuns Droits d'Entrée & de Sortie, ny autres sans exception, ny pour aucuns Peages, Octrois, & autres generalement, dont Sa Majesté les a Déchargez ; FAISANT défenses à tous ses Fermiers, aux Proprietaires & Engagistes desdits Peages & Octrois & tous autres d'en exiger aucuns pendant ledit temps, A peine de Concussion. ENJOINT Sadite Majesté, aux Sieurs Intendans & Commissaires départis dans les Provinces & Generalitez, & à tous ses Officiers & Sujets, de tenir la main à l'execution du present Arrest, nonobstant Oppositions ou Empeschemens quelconques, pour lesquels ne sera differé. FAIT au Conseil d'Estat du Roy, Sa Majesté y estant, tenu au Quesnoy, le premier jour de Juin mil six cens quatre-vingt-treize. Signé, PHELYPEAUX.

ARREST
DU CONSEIL D'ESTAT DU ROY,
SA MAJESTÉ Y ESTANT.

Du premier Septembre 1693.

QUI Décharge de tous Droits de Sortie des Cinq grosses Fermes & autres, l'Indigo provenant des Colonies de l'Isle S. Domingue, & autres Isles & lieux de l'Amerique Occidentale occupées par les François, qui sera porté hors du Royaume tant par Mer que par Terre.

Extrait des Registres du Conseil d'Estat.

LE ROY estant informé, que ses Sujets des Colonies de l'Amerique Occidentale, sur les excitations que Sa Majesté leur a fait faire, de s'appliquer aux Cultures qui peuvent servir le plus utilement à leur Commerce, & leur procurer une subsistance commode, ils ont cultivé l'Indigo, & particulierement ceux de S. Domingue, & en ont envoyé les deux dernieres années des quantitez si considerables en France, qu'ils sont obligez de les y donner à perte, quoy qu'ils soient en estat d'en fournir davantage à l'avenir. A quoy Sa Majesté voulant pourvoir, & donner de nouvelles marques aux Habitans desdites Colonies de son affection, en leur facilitant les moyens, & aux Negocians François qui font les achats de leur Indigo, de les pouvoir debiter avec avantage dans les Païs Estrangers. SA MAJESTÉ ESTANT EN SON CONSEIL, A ORDONNÉ & Ordonne, Qu'à commencer du jour de la Publication du present Arrest, l'Indigo provenant des Colonies de l'Isle de S. Domingue, & des autres Isles & lieux de l'Amerique Occidentaïe occupez par les François, qui sera porté hors du Royaume seulement, tant par Mer que par Terre, sera Exempt de tous Droits de Sortie, des Cinq grosses Fermes, de Flandres, Comptablie de Bordeaux, Foraines de Languedoc & Provence, Traite d'Arsac, Coustume de Bayonne, & de tous autres Droits de Sortie, en rapportant Certificat des Officiers & Commis des Bureaux des lieux permis, ausquels l'Indigo aura esté apporté desdites Isles; Et moyennant lesdits Certificats, FAIT Sa Majesté défenses à Maistre Pierre Pointeau, Fermier General des Cinq grosses Fermes, & autres Unies; ses Procureurs & Commis, & à tous autres, de prendre ny exiger aucuns Droits de Sortie, à peine de Concussion. ENJOINT aux Intendans & Commissaires départis pour l'execution des Ordres de Sa Majesté dans les Provinces, & à tous les autres Officiers & Juges qu'il appartiendra, de tenir la main à l'execution du present Arrest. FAIT au Conseil d'Estat du Roy, Sa Majesté y estant, tenu à Versailles, le premier jour de Septembre mil six cens quatre-vingt-treize. Signé, PHELYPEAUX.

ARREST

ARREST

DU CONSEIL D'ESTAT DU ROY,

SA MAJESTE' Y ESTANT.

Du vingt deux Septembre 1693.

PORTANT que les Bleds, Fromens, Méteils, & autres Grains seront Dechargez de tous Droits d'Entrées, Octrois, Peages, & autres Droits qui se levent sur lesdits Grains.

Extrait des Registres du Conseil d'Estat.

LE ROY ayant par sa Declaration du cinquiéme du present mois, Ordonné qu'il sera incessamment fait visite dans tous les Greniers, Granges & autres endroits des Villes & lieux de l'Obéïssance de Sa Majesté, des quantitez de Bleds qui s'y trouveront, afin d'en faire fournir abondamment les Marchez, & par ce moyen en faire diminuer le prix : Et Sa Majesté voulant encore faciliter le Commerce & Transport des Grains d'une Province à l'autre, mesme l'Entrée dans le Royaume, de ceux qui y seront apportez, en les Déchargeant de tous Droits d'Entrées, Octrois, Peages, & autres appartenans à Sa Majesté, & de ceux des Seigneurs & Particuliers, qui doivent aussi contribuer de leur part au soulagement des Peuples. OÜY le Rapport du Sieur Phelypeaux de Pontchartrain, Conseiller Ordinaire au Conseil Royal, Contrôlleur General des Finances. SA MAJESTE' ESTANT EN SON CONSEIL, A Déchargé & Decharge les Bleds, Fromens, Méteils, Seigles, Orges, Avoines & autres Grains qui Entreront & seront apportez dans le Royaume, Païs, Terres & Seigneuries de son Obéïssance, tant par Terre que par Mer, ou qui seront transportez d'une Province dans une autre, & d'un lieu à l'autre, jusqu'au dernier Decembre de la presente année 1693. de tous Droits d'Entrées, Octrois, Peages, & autres Droits qui se levent sur lesdits Grains, dépendans des Fermes de Sa Majesté; Comme aussi des Droits d'Entrées, Octrois, Peages, & autres qui se levent sur lesdits Grains, par les Villes Communautez, Païs d'Estats, Seigneurs & Particuliers, pour quelque cause & occasion qu'ils soient establis ou accordez. En consequence Sa Majesté fait tres-expresses défenses aux Fermiers des Cinq grosses Fermes, Doüannes, & autres Fermes Unies, leurs Sous-fermiers, Procureurs & Commis, à ceux des Octrois & Peages des Païs d'Estats, Fermiers des Seigneurs Proprietaires de Peages, & à tous autres, de quelque qualité & condition qu'ils soient, de faire aucune Levée & Perception desdits Droits pendant ledit temps, à peine d'estre contraints à la restitution du Quatruple de ce qu'ils auront receu. ENJOINT Sa Majesté aux Sieurs Intendans & Commissaires Départis dans les Provinces & Generalitez du Royaume, de tenir la main à l'execution du present Arrest, qui sera executé nonobstant Oppositions & autres Empeschemens quelconques, dont, si aucunes interviennent, Sa Majesté s'en reserve à soy & à son Conseil la Connoissance icelle interdit à toutes ses Cours & autres Juges. FAIT au Conseil d'Estat du Roy, Sa Majesté y estant, tenu à Fontainebleau, le vingt-deuxiéme jour de Septembre mil six cens quatre-vingt-treize. Signé, PHELYPEAUX.

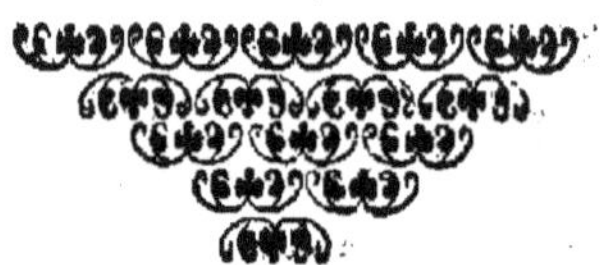

ARREST

DU CONSEIL D'ESTAT DU ROY,

SA MAJESTE' Y ESTANT,

Du vingt deux Decembre 1693.

PORTANT que le Ris, les Poids, Feves, & autres Legumes, & Grains, qui seront apportez dans le Royaume, & transportez d'une Province dans une autre, seront Exempts de tous Droits,

Extrait des Registres du Conseil d'Estat.

LE ROY s'estant fait representer l'Arrest de son Conseil du douze du present mois, Par lequel Sa Majesté a Déchargé de tous Droits les Bleds, Méteils, Seigles, Orges, Avoines & autres Grains, qui Entreront & seront apportez dans le Royaume jusques au premier Avril prochain: Et Sa Majesté voulant faire joüir de la mesme Décharge le Ris, les Pois, les Feves & autres Grains & Legumes qui Entreront dans le Royaume; mesme Décharger des Droits de la Doüanne de Valence, la quantité de deux cens soixante Balles de Ris qui ont esté apportées en la Ville de Lyon, pour la subsistance des Pauvres de ladite Ville: OÜY le Rapport du Sieur Phelypeaux de Pontchartrain, Conseiller ordinaire au Conseil Royal, Contrôlleur General des Finances. SA MAJESTE' ESTANT EN SON CONSEIL, A Déchargé & Décharge de tous Droits d'Entrée, Octrois, Peages & autres Droits exprimez dans l'Arrest du Conseil du douze du present mois, le Ris, les Pois, Feves & autres Grains & Legumes, qui Entreront & seront apportez dans le Royaume, Païs, Terres, & Seigneuries de son Obeïssance, tant par Terre que par Mer, ou qui seront transportez d'une Province dans une autre, & d'un lieu à l'autre, jusques audit jour premier Avril de l'année prochaine 1694. FAIT Sa Majesté tres-expresses défenses aux Fermiers de ses Cinq grosses Fermes, Doüannes, & autres Fermes-Unies, leurs Sous-Fermiers, Procureurs & Commis; A ceux des Octrois, & Peages des Païs d'Estats, Fermiers des Seigneurs, Proprietaires de Peages, & à tous autres, de quelque qualité & conditions qu'ils soient, de faire aucune Levée & Perception desdits Droits pendant le temps porté par ledit Arrest, mesme sur les Deux cens soixante Balles de Ris qui ont esté amenez en la Ville de Lyon, à peine d'estre contraints à la Restitution du Quatruple de ce qu'ils auront receu. ENJOINT Sa Majesté aux Sieurs Intendans & Commissaires départis dans les Provinces & Generalitez de nostre Royaume, de tenir la main à l'execution du present Arrest, qui sera executé nonobstant Oppositions & autres Empeschemens quelconques, dont si aucunes interviennent, Sa Majesté s'en reserve à soy & à son Conseil la Connoissance, icelle interdit à toutes ses Cours & autres Juges. FAIT au Conseil d'Estat du Roy, Sa Majesté y estant, tenu à Versailles, le vingt-deuxiéme jour de Decembre mil six cens quatre-vingt-treize. Signé, PHELYPEAUX.

ARREST
DU CONSEIL D'ESTAT DU ROY, SA MAJESTÉ Y ESTANT.

Du douzième Decembre 1693.

QUI Décharge les Bleds-Fromens, Méteils, Seigles, Orges, Avoines, & autres Grains, qui Entreront & seront apportez dans le Royaume, Païs, Terres & Seineuries de son Obéïssance, tant par Terre que par Mer, ou qui seront transportez d'une Province ou d'un Lieu à autre, de tous Droits d'Entrées, Octrois, Peages, & autres, qui se levent sur lesdits Grains, jusques au premier Avril de l'année prochaine 1694. &c.

Extrait des Registres du Conseil d'Estat.

LE ROY s'estant fait representer, l'Arrest rendu en son Conseil le vingt-deux Septembre dernier; Par lequel Sa Majesté a Déchargé les Bleds, Fromens-Méteils, Seigles, Orges, Avoines, & autres Grains qui Entreront & seront apportez dans le Royaume, Païs, Terres, & Seigneuries de l'Obéïssance de Sa Majesté, tant par Terre que par Mer, ou qui seront transportez d'une Province dans une autre, & d'un Lieu à l'autre, jusques au dernier du present mois, de tous Droits d'Entrées, Octrois, Peages & autres, qui se levent sur lesdits Grains, dépendans des Fermes de Sa Majesté: Comme aussi des Droits d'Entrées, Octrois, Peages & autres, qui se levent sur lesdits Grains, par les Villes, Communautez, Païs-d'Estats, Seigneurs & Particuliers, pour quelque cause & occasion qu'ils soient establis ou accordez. Et Sa Majesté voulant continuer la Décharge desdits Droits, afin de faciliter le Commerce & le tranſport des Grains dans le Royaume : OÜY le Rapport du Sieur Phelypeaux de Pontchartrain, Conſeiller ordinaire au Conſeil Royal, Contrôlleur General des Finances. SA MAJESTE' ESTANT EN SON CONSEIL, A Déchargé & Décharge les Bleds-Fromens, Méteils, Seigles, Orges, Avoines & autres Grains qui Entreront & ſeront apportez dans le Royaume, Païs, Terres & Seigneuries de ſon Obéïſſance, tant par Terre que par Mer, ou qui ſeront tranſportez d'une Province dans une autre, & d'un Lieu à l'autre, juſques au premier Avril de l'année prochaine 1694. de tous Droits d'Entrées, Octrois Peages & autres Droits, qui ſe levent ſur leſdits Grains, dépendans des Fermes de Sa Majeſté : Comme auſſi des Droits d'Entrées, Octrois, Peages & autres, qui ſe levent ſur leſdits Grains, par les Villes, Communautez, Païs-d'Eſtats, Seigneurs & Particuliers, pour quelque cauſe & occaſion qu'ils ſoient établis ou accordez : En conſéquence Sa Majeſté fait tres-expreſſes défenſes aux Fermiers des Cinq groſſes Fermes, Doüannes, & autres Fermes Unies, leurs Sous-Fermiers, Procureurs & Commis ; A ceux des Octrois & Peages des Païs-d'Eſtats, Fermiers des Seigneurs, Proprietaires de Peages, & à tous autres de quelque qualité & condition qu'ils ſoient, de faire aucune Levée & Perception deſdits Droits, pendant ledit temps, à peine d'eſtre contraints à la Reſtitution du Quatruple de ce qu'ils auront receu. ENJOINT Sa Majeſté aux Sieurs Intendans & Commiſſaires Départis dans les Provinces & Generalitez du Royaume, de tenir la main à l'execution du preſent Arreſt, qui ſera executé, nonobſtant Oppoſitions & autres Empeſchemens quelconques, dont, ſi aucunes interviennent, Sa Majeſté s'en reſerve à ſoy & à ſon Conſeil, la Connoiſſance, icelle interdit à toutes ſes Cours & autres Juges. FAIT au Conſeil d'Eſtat du Roy, Sa Majeſté y eſtant, tenu à Verſailles, le douziéme jour de Decembre mil ſix cens quatre-vingt-treize. Signé, PHELYPEAUX.

ARREST
DU CONSEIL D'ESTAT DU ROY
SA MAJESTÉ Y ESTANT,

Du vingt-troisiéme Janvier 1694.

QUI ORDONNE, Qu'il ne sera Levé pour chacun Cent de Fromage de toutes sortes, venant des Païs Estrangers, que Quinze sols seulement, pour tous Droits d'Entrée, jusqu'au dernier Avril prochain.

Extrait des Registres du Conseil d'Estat.

LE ROY ayant Ordonné la Levée de Six livres, pour chacun Cent pesant de Fromage de toutes sortes, venant des Païs Estrangers, à toutes les Entrées du Royaume, tant dans les Bureaux des Cinq grosses Fermes, que des Provinces reputées Estrangeres & des Païs conquis, pour les causes contenuës en l'Arrest de son Conseil du vingt-neuviéme Janvier 1692. Et voulant pourvoir au soulagement de ses Sujets, & particulierement des Soldats de ses Troupes sur les Frontieres, à cause de la cherté des Vivres : OÜY le Rapport du Sieur Phelypeaux de Pontchartrain, Conseiller ordinaire au Conseil Royal, Contrôlleur General des Finances. SA MAJESTÉ ESTANT EN SON CONSEIL, A ORDONNÉ & Ordonne, Qu'à commencer du vingt-cinquiéme du present mois de Janvier, il sera seulement perçû à toutes les Entrées du Royaume par Terre, tant dans les Bureaux desdites Cinq grosses Fermes, que des Provinces reputées Estrangeres & Païs conquis, Quinze sols seulement pour chacun Cent pesant de Fromage de toutes sortes, venant des Païs Estrangers seulement, & pour tous Droits d'Entrée jusqu'au dernier Avril prochain ; Aprés lequel expiré, les Droits portez par ledit Arrest du vingt-neuviéme Janvier 1692. seront Levez & Perçûs comme auparavant. FAIT Sa Majesté deffenses à Maistre Pierre Pointeau, Fermier General des Cinq grosses Fermes & autres Unies, ses Procureurs, Commis & Préposez, d'exiger autres & plus grands Droits que lesdits Quinze sols pendant ledit temps, à peine d'en répondre en leurs propres & privez noms. ENJOINT Sa Majesté aux Sieurs Intendans & Commissaires départis dans les Provinces & Generalitez, de tenir la main à l'execution du present Arrest. FAIT au Conseil d'Estat du Roy, Sa Majesté y estant, tenu à Versailles, le vingt-troisiéme jour de Janvier mil six cens quatre-vingt-quatorze. Signé, PHELYPEAUX.

ARREST

DU CONSEIL D'ESTAT DU ROY,

SA MAJESTÉ Y ESTANT.

Du treize Février 1694.

QUI Réduit à la moitié, les Droits d'Entrée sur les Moluës vertes & Saumon de la Pesche des Estrangers, & ce par les Bureaux de Flandres & autres y specifiez, à commencer du jour de la Publication du present Arrest, jusqu'au premier Avril prochain.

Extrait des Registres du Conseil d'Estat.

LE ROY voulant bien pourvoir à la commodité de ses Sujets, particulierement ceux des Frontieres des Païs-bas, & d'Allemagne, en leur facilitant les moyens de tirer de la Moluë verte & du Saumon salé, des lieux les plus proches, pour la provision du Caresme, que les Rivieres glacées ne leur ont pas permis

mis de faire apporter des Ports du Royaume, où le Poisson salé de la pesche des François a abordé, & les Décharger d'une partie des Droits ordonnez sur la Moluë verte & le Saumon de la pesche des Estrangers, pour estre levez à toutes les Entrées du Royaume, tant des Cinq grosses Fermes, que des Provinces reputées Estrangeres, & Païs conquis, suivant l'Arrest du Conseil du quatre Octobre 1691. OÜY le Rapport du Sieur Phelypeaux de Pontchartrain, Conseiller ordinaire au Conseil Royal, Contrôlleur General des Finances. SA MAJESTE' ESTANT EN SON CONSEIL, A ORDONNE' & Ordonne, Qu'à commencer du jour de la Publication du present Arrest, jusques au premier Avril prochain, il sera perçû sur ladite Moluë verte de la pesche des Estrangers, Six livres du Cent pesant, au lieu des Douze livres portez par ledit Arrest; Et sur le Saumon, Sept livres dix-sols, pour les six Hambourgs ou huit Barils, au lieu de Quinze livres, & ce par les Bureaux de Flandres, Haynault, Comté de Chiny, & Luxembourg, & des Départemens de la Moselle, de la Sarre, & d'Alsace seulement. VEUT Sa Majesté qu'aprés ledit jour premier Avril passé, les Droits portez par ledit Arrest du quatre Octobre 1691. soient levez en entier comme auparavant. ORDONNE à Maistre Pierre Pointeau, Adjudicataire des Cinq grosses Fermes & autres Unies, ses Procureurs, Commis & Preposez, de percevoir d'autres ny plus grands Droits sur ladite Moluë & Saumon salé, pendant ledit temps: Leur fait défenses de moderer ceux qui sont ordonnez sur les autres especes de Poisson salé de la pesche des Estrangers, ny sur les Moluës & Saumon qui pourront venir par les autres Païs, Lieux & Passages, que ceux cy-dessus dénommez, soit par Terre, ou par Mer. ENJOINT Sa Majesté, aux Sieurs Intendans & Commissaires départis dans lesdites Provinces, de tenir la main à l'execution du present Arrest. FAIT au Conseil d'Estat du Roy, Sa Majesté y estant, tenu à Versailles, le treiziéme jour de Fevrier mil six cens quatre-vingt-quatorze. Signé, PHELYPEAUX.

M

ARREST

DU CONSEIL D'ESTAT DU ROY,

SA MAJESTE' Y ESTANT.

Du treize Mars 1694.

QUI ORDONNE, Que les Laines d'Espagne, destinées pour les Provinces de l'estenduë des Cinq grosses Fermes, venant par Terre par Bayonne ou par Bordeaux, durant la presente année, ne payeront pour tous Droits d'Entrée, que ceux portez par le Tarif de 1664. de mesme que si elles estoient venuës à Roüen, ou autres Ports sujets ausdites Cinq grosses Fermes.

Extrait des Registres du Conseil d'Estat.

LE ROY ayant par plusieurs Arrests de son Conseil, Permis aux Marchands & Negocians qui font & feront le Commerce des Laines d'Espagne, de les faire venir par Terre dans l'étenduë des Cinq grosses Fermes, par Bayonne & par Bordeaux, pendant les années 1690. 1691. 1692. & 1693. en payant seulement les Droits d'Entrée portez par le Tarif du dix-huit Septembre 1664. de mesme que si lesdites Laines estoient venuës à droiture par Roüen, ou autres Ports des Provinces sujettes aux Cinq grosses Fermes. Et voulant en faveur des Manufactures de Draperie du Royaume, continuer la mesme Permission, pendant la presente année 1694. Oüy le Rapport du Sieur Phelypeaux de Ponchartrain, Conseiller Ordinaire au Conseil Royal, Contrôlleur General des Finances. SA MAJESTE' ESTANT EN SON CONSEIL, A ORDONNE' & Ordonne, que les Laines d'Espagne destinées pour les Provinces qui seront dans l'étenduë des Cinq grosses Fermes, venans par Terre par Bayonne ou par Bordeaux, durant la presente année 1694. ne payeront pour tous Droits d'Entrée, que ceux portez par le Tarif du dix-huit Septembre 1664. de mesme que si elles estoient venuës à droiture à Roüen, ou autres Ports des Provinces sujettes aux Cinq grosses Fermes. FAIT Sa Majesté défenses à Maistre Pierre Pointeau, Fermier General des Cinq grosses Fermes & autres Fermes-Unies, ses Procureurs & Commis, d'exiger d'autres Droits sur lesdites Laines, A peine de Concussion. ENJOINT aux Sieurs Intendans & Commissaires Départis dans les Provinces & Generalitez du Royaume, mesme aux Juges des Fermes où ils sont établis, de tenir la main à l'execution du present Arrest, qui sera Lû, Publié & affiché par tout où besoin sera. FAIT au Conseil d'Estat du Roy, Sa Majesté y estant, tenu à Versailles, le treiziéme jour de Mars mil six cens quatre-vingt-quatorze. Signé, PHELYPEAUX.

ARREST

DU CONSEIL D'ESTAT DU ROY, SA MAJESTE' Y ESTANT.

Du vingt-troisiéme Mars 1694.

QUI fait défenses à toutes Personnes de Lever aucuns Droits sur les Bleds, Fromens, Méteils, Seigles, Orges, Avoines, Ris, Pois, Feves, & autres Grains & Legumes, qui seront apportez dans le Royaume, & transportez d'une Province dans une autre.

Extrait des Registres du Conseil d'Estat.

LE ROY ayant par Arrest de son Conseil des douze Juillet & vingt-deux Decembre de l'année derniere 1693. Déchargé de tous Droits les Bleds, Fromens, Méteils, Seigles, Orges, Avoines, Ris, Pois, Feves, & autres Grains & Legumes, qui Entreroient & feroient apportez dans le Royaume, Païs Terres, & Seigneuries de l'Obéïſſance de Sa Majeſté, juſques au premier Avril de la preſente année 1694. Et Sa Majeſté voulant continuer la décharge des meſmes Droits, afin de faciliter le Commerce & le tranſport deſdits Grains dans le Royaume : Oüy le Rapport du Sieur Phelypeaux de Pontchartrain, Conſeiller Ordinaire au Conſeil Royal, Contrôlleur General des Finances. SA MAJESTE' ESTANT EN SON CONSEIL, A Déchargé & Décharge les Bleds, Fromens, Méteils, Seigles, Orges, Avoines, Ris, Pois, Feves, & autres Grains & Legumes, qui Entreront & ſeront apportéz dans le Royaume, Païs, Terres, & Seineuries de ſon Obéïſſance, tant par Terre que par Mer, ou qui ſeront tranſportez d'une Province dans une autre, & d'un lieu à autre, juſques au premier Juillet de la preſente année 1694. de tous Droits d'Entrées, Octrois, Peages, & autres Droits qui ſe levent ſur leſdits Grains, dépendans des Fermes de Sa Majeſté; Comme auſſi des Droits d'Entrées, Octrois, Peages, & autres qui ſe levent ſur leſdits Grains, par les Villes, Communautez, Païs d'Eſtats, Seigneurs & particuliers, pour quelque cauſe & occaſion qu'ils ſoient établis ou accordez. En conſequence Fait Sa Majeſté tres-expreſſes défenſes aux Fermiers des Cinq groſſes Fermes, Doüannes, & autres Fermes-Unies, leurs Sous-Fermiers, Procureurs & Commis, à ceux des Octrois & Peages des Païs d'Eſtats, Fermiers des Seigneurs, Proprietaires de Peages, & à tous autres, de quelque qualité & condition qu'ils ſoient, de faire aucune Levée & Perception deſdits Droits pendant ledit temps, à peine d'eſtre contraints à la reſtitution du Quatruple de ce qu'ils auront receu. Enjoint Sa Majeſté auſdits Sieurs Intendans & Commiſſaires Départis dans les Provinces & Generalitez du Royaume, de tenir la main à l'execution du preſent Arreſt, qui ſera executé, nonobſtant Oppoſitions ou autres Empeſchemens quelconques, dont, ſi aucuns interviennent, Sa Majeſté s'en reſerve à ſoy & à ſon Conſeil la Connoiſſance, icelle interdit à toutes ſes Cours & autres Juges. Fait au Conſeil d'Eſtat du Roy, Sa Majeſté y eſtant, tenu à Compiegne, le vingt-troiſiéme jour de Mars mil ſix cens quatre-vingt-quatorze. Signé, PHELYPEAUX.

ARREST
DU CONSEIL D'ESTAT DU ROY,
SA MAJESTE' Y ESTANT.

Du premier Avril 1694.

QUI Permet le Transit des Toilles ; des Chappeaux de Castors, & des Dentelles de Soye, par Terre pour Marseille, jusques au premier May 1695. En faisant Declaration, au premier Bureau de la Route, de la quantité & qualité d'icelles ; Sans payer autres Droits que ceux qu'ils auroient payez pour leur Sortie par Mer hors du Royaume, &c.

Extrait des Registres du Conseil d'Estat.

LE ROY s'estant fait representer, Sa Majesté estant en son Conseil, les Arrests rendus en iceluy les vingt-deux Février, vingt-huit Aoust 1691. huit Novembre 1692. & quatorze Avril 1693. Par lesquels, pour faciliter le Commerce de ses Sujets, pour le Transport des Toilles de Normandie, Bretagne & Laval, & des Chappeaux de Castors à l'Espagnolle, & des Dentelles de Soye pour Marseille dans les Païs Estrangers, où ils ont accoûtumé de les debiter, & où il leur est difficile de les porter à droiture, à cause des risques des Corsaires Ennemis ; Sa Majesté leur auroit accordé jusqu'au premier May de la presente année, la Faculté de faire passer lesdites Marchandises debout & sans Entrepost jusques audit Marseille, sans payer aucuns autres Droits, que ceux qu'ils auroient payé en les faisant Sortir hors du Royaume par Mer : Et Sadite Majesté ayant esté informée que le temps qui reste à expirer dudit Delay, n'est pas suffisant pour décharger lesdits Negocians desdites Toilles, Chappeaux, & Dentelles qui leur feront reftez & pour les Engagemens qu'ils ont pris, d'en continuer la Fabrique ; A quoy voulant pourvoir, & leur donner des affûrances d'un nouveau Délay. SA MAJESTE' ESTANT EN SON CONSEIL, A ORDONNE' & Ordonne, Que jufqu'au premier May de l'année prochaine 1695. ceux qui voudront porter à Marfeille defdites Toilles, des Chappeaux de Caftor à l'Efpagnolle, & des Dentelles de Soye, en feront Declaration de la quantité & qualité, au premier Bureau de la Route, où ils ne payeront autres ny plus grands Droits que ceux qu'ils auroient payé pour faire Sortir lefdites Toilles, Chappeaux & Dentelles, hors du Royaume par Mer ; Auquel Bureau les Balles & Ballots feront plombez & enficelez, & pafferont debout & fans Entrepoft jufqu'à ladite Ville de Marfeille, fur les Acquits de payement defdits Droits, & fur les Soûmiffions que les Marchands feront efdits Bureaux, de rapporter dans deux mois Certificat du Paffage, figné par les Commis des Cinq groffes Fermes, des Bureaux de Lyon, Valence, & des environs de ladite Ville de Marfeille, & de la Décharge dans icelle : Sans que par lefdits Commis il puiffe leur eftre demandé aucuns Droits, quels qu'ils puiffent eftre, ny pour aucuns Peages, Octrois & autres generalement, dont Sa Majefté les a Déchargé. FAISANT défenfes à tous fes Fermiers, aux Proprietaires & Engagiftes defdits Peages & Octrois, & tous autres, d'en exiger aucun pendant ledit temps, à peine de Concuffion. ENJOINT Sadite Majefté aux Intendans & Commiffaires Départis dans les Provinces, & à tous fes Sujets, de tenir la main à l'execution du prefent Arreft, nonobftant Oppofitions ou Empefchement quelconques, pour lefquels ne fera differé. FAIT au Confeil d'Eftat du Roy, Sa Majefté y eftant, tenu à Verfailles, le premier jour d'Avril mil fix cens quatre-vingt-quatorze. Signé, PHELYPEAUX.

ARREST

DU CONSEIL D'ESTAT DU ROY,

SA MAJESTE' Y ESTANT,

Du vingt-neuf Juin 1694.

PORTANT Exemption de tous Droits, pour les Bleds, Fromens, Méteils, Seigles, Orges, Avoines, Ris, Pois, Feves, & autres Grains & Legumes, qui Entreront & seront apportez dans le Royaume.

Extrait des Registres du Conseil d'Estat.

LE ROY ayant par Arrest de son Conseil du vingt-trois Mars dernier, Déchargé de tous Droits les Bleds, Fromens, Meteils, Seigles, Orges, Avoines, Ris, Pois, Feves, Grains & Legumes, qui Entreront & seront apportez dans le Royaume, Païs, Terres & Seigneuries de l'Obéïssance de Sa Majesté, jusqu'au premier Juillet prochain : Et Sa Majesté voulant continuer la Décharge des mesmes Droits, afin de faciliter le Commerce & le Transport desdits Grains dans le Royaume ; Oüy le Rapport du Sieur Phelypeaux de Pontchartrain, Conseiller Ordinaire au Conseil Royal, Contrôlleur General des Finances. SA MAJESTE' ESTANT EN SON CONSEIL, A Déchargé & Décharge les Bleds, Fromens, Méteils, Seigles Orges, Avoines, Ris, Pois, Feves, & autres Grains & Legumes, qui Entreront & seront apportez dans le Royaume, Païs, Terres & Seigneuries de l'Obéïssance de Sa Majesté, tant par Mer que par Terre, ou qui seront transportez d'une Province à une autre, jusques au premier Septembre prochain, de tous Droits d'Entrées, Octrois, Peages, & autres Droits qui se levent sur lesdits Grains, dependans des Fermes de Sa Majesté. Comme aussi des Droits d'Entrées, Octrois, Peages & autres qui se levent sur lesdits Grains par les Villes, Communautez, Païs d'Estats, Seigneurs, & Particuliers, pour quelque cause & occasion qu'ils soient établis ou accordez. En consequence Sa Majesté FAIT tres-expresses défenses aux Fermiers des Cinq grosses Fermes, Doüannes, & autres Fermes Unies, leurs Soûs-Fermiers, Procureurs & Commis; A ceux des Octrois & Peages des Païs d'Estats, Fermiers des Seigneurs, Proprietaires de Peages, & à tous autres, de quelque qualité & condition qu'ils soient, de faire aucune levée & Perception desdits Droits pendant ledit temps, à peine d'estre contraints à la restitution du Quatruble de ce qu'ils auront receu. ENJOINT Sa Majesté aux Sieurs Intendans & Commissaires Départis dans les Provinces & Generalitez du Royaume, de tenir la main à l'execution du present Arrest, qui sera executé nonobstant Oppositions & autres Empeschemens quelconques, dont, si aucuns interviennent, Sa Majesté s'en reserve à soy & à son Conseil la Connoissance, icelle interdisant à toutes ses Cours & autres Juges. FAIT au Conseil d'Estat du Roy, Sa Majesté y estant, tenu à Versailles, le vingtneuviéme jour de Juin mil six cens quatre-vingt-quatorze. Signé, PHELYPEAUX.

ARREST

DU CONSEIL D'ESTAT DU ROY, SA MAJESTE' Y ESTANT.

Du douzième Février 1695.

QUI Ordonne qu'il ſera perçû Trois livres, pour Droits de Sortie du Cent peſant des Laines, qui ſeront declarées aux Bureaux des Cinq groſſes Fermes, pour eſtre portées dans la Flandres Françoiſe, & y eſtre employées aux Manufactures ; Au lieu de Quinze livres portez par le Tarif du mois de Septembre 1664.

Extrait des Regiſtres du Conſeil d'Eſtat.

LE ROY voulant faciliter aux Fabriquans en Eſtoffes de Laine de la Flandres Françoiſe, des moyens de tirer par la voye des Negocians du Royaume, de l'Eſtenduë des Cinq groſſes Fermes, les Laines dont leſdits Fabriquans ont beſoin pour leurs Manufactures, & les mettre en état de les debiter avec plus d'avantage, par la diminution des Droits de Quinze livres du Cent peſant, reglez à la Sortie deſdites Cinq groſſes Fermes. A quoy eſtant neceſſaire de pourvoir : OÜY le Rapport du Sieur Phelypeaux de Pontchartrain, Conſeiller Ordinaire au Conſeil Royal, Contrôlleur General des Finances. SA MAJESTE' ESTANT EN SON CONSEIL, A ORDONNE' & Ordonne, Qu'il ſera pris & perçû Trois livres ſeulement, du Cent peſant des Laines qui ſeront declarées aux Bureaux de Sortie des Cinq groſſes Fermes, pour eſtre portées dans la Flandres Françoiſe, & y eſtre employées auſdites Manufactures ; Au lieu des Quinze livres portez par le Tarif du mois de Septembre 1664. Pour Droits de Sortie. FAIT Sa Majeſté défenſes à Maiſtre Pierre

Pointeau, Fermier General desdites Cinq grosses Fermes, & autres Unies, ses Commis & Preposez, de prendre sur lesdites Laines portées en Flandres, de plus grands Droits de Sortie, que lesdits Trois livres. ENJOINT aux Sieurs Intendans & Commissaires departis dans les Provinces & Generalitez, de tenir la main à l'execution du present Arrest, qui sera executé nonobstant Oppositions, ou Empeschemens quelconques, pour lesquels ne sera differé. FAIT au Conseil d'Estat du Roy, tenu à Versailles, le douziéme jour de Février mil six cens quatre-vingt-quinze. Signé, PHELYPEAUX.

ARREST

DU CONSEIL D'ESTAT DU ROY,

SA MAJESTÉ Y ESTANT.

Du vingt six Mars 1695.

QUI Permet pendant un an, à commencer du premier Avril prochain, de faire passer Debout & sans Entrepost, jusqu'à Bayonne & de-là en Espagne, des Toilles, des Chappeaux de Castor & des Dentelles de Soyes : En faisant Declaration de la quantité & qualité, au Premier Bureau des Cinq grosses Fermes de la Route ; Où ils ne payeront autres ny plus grands Droits, que ceux qu'ils auroient payé, pour les faire Sortir par Mer, hors du Royaume, &c.

Extrait des Registres du Conseil d'Estat.

SUR ce qui a esté representé au Roy, estant en son Conseil, Par les Negocians des principales Villes du Royaume, de l'étenduë des Cinq grosses Fermes, qui font le Commerce en Espagne par Terre, particulierement des Toilles de Normandie, Bretagne & Laval, & des Chappeaux de Castor & des Dentelles de Soye; Que Sa Majesté pour en faciliter le Transport dans les Païs Estrangers, où ils ont accoûtumé de les debiter, & où il leur est difficile de les porter presentement à droiture par Mer, ayant Permis de les faire Sortir par Marseille, par forme de Transit, aux conditions portées par les Arrests du Conseil des vingt-deux Février & vingt-huit Aoust 1691. huit Novembre 1692. quatorze Avril 1693. & premier Avril 1694. Ils pourroient trouver la mesme facilité, s'il plaisoit à Sa Majesté de leur accorder aussi la Permission, de les faire passer Debout & sans Entrepost jusqu'à Bayonne, & de-là aux Païs Estrangers, sans payer d'autres Droits que ceux qu'ils auroient payé en les faisant Sortir hors du Royaume par Mer: A quoy voulant pourvoir. SA MAJESTE' ESTANT EN SON CONSEIL, A ORDONNE' & Ordonne, Qu'à commencer du premier Avril prochain & pendant un an, ceux qui voudront porter à Bayonne desdites Toilles, des Chappeaux de Castor à l'Espagnol, & des Dentelles de Soye, en feront Declaration de la quantité & qualité, au premier Bureau des Cinq grosses Fermes de la Route, où ils ne payeront autres ny plus grands Droits que ceux des Cinq grosses Fermes, qu'ils auroient payé pour faire Sortir lesdites Toilles, Chappeaux & Dentelles hors du Royaume par Mer: Auquel Bureau les Balles & Ballots seront plombez & enficelez, & passeront Debout sans Entrepost, jusqu'à ladite Ville de Bayonne & de-là en Espagne, sur les Acquits de payemens desdits Droits, & sur les Soûmissions que les Marchands feront esdits Bureaux, de rapporter dans trois mois, Certificat du Passage signé par les Commis des Cinq grosses Fermes, du Convoy & Comptablie de Bordeaux, de la Traite d'Arsac, & de la Sortie effective & Debout pour Espagne, par les Commis de la Coûtume de Bayonne; Sans que par lesdits Commis ny autres il puisse leur estre demandé aucuns Droits, quels qu'ils puissent estre, ny pour aucuns Peages, Octrois & autres generalement, dont Sa Majesté les a Déchargez. FAISANT défenses à tous ses Fermiers, aux Proprietaires & Engagistes desdits Peages & Octrois & tous autres, d'en exiger aucun pendant ledit temps, A peine de Concussion. ENJOINT Sa Majesté, aux Sieurs Intendans & Commissaires Départis dans les

Provinces, & à tous ses Officiers & sujets, de tenir la main à l'execution du present Arrest; Nonobstant Oppsitions ou Empeschemens quelconques, pour lesquels ne sera differé. FAIT au Conseil d'Estat du Roy, Sa Majesté y estant, tenu à Versailles, le vingt-sixiéme jour de Mars mil six cens quatre-vingt-quinze. Signé, PHELYPEAUX.

ARREST

DU CONSEIL D'ESTAT DU ROY,

SA MAJESTE' Y ESTANT.

Du vingt-sept Avril 1695.

QUI Permet jusqu'au premier May de l'année prochaine 1696. de faire passer debout & sans Entrepost jusqu'à Marseille, des Toilles, des Chappeaux de Castor à l'Espagnolle, & des Dentelles de Soye; En faisant Declaration de la quantité & qualité au premier Bureau de la Route, où ils ne payeront autres ny plus grands Droits que ceux qu'ils auroient payé pour les faire Sortir hors du Royaume par Mer.

Extrait des Registres du Conseil d'Estat.

LE ROY s'estant fait representer, Sa Majesté estant en son Conseil, les Arrests rendus en iceluy les vingt-deux Février, vingt-huit Aoust 1691. huit Novembre 1692. quatorze Avril 1693. & premier Avril 1694. Par lesquels pour faciliter le Commerce de ses Sujets, pour le transport des Toilles de Normandie, Bretagne, & Laval, & des Chappeaux de Castor à l'Espagnolle, & des Dentelles de Soye, pour Marseille, dans les Païs Estrangers, où ils ont accoûtumé de les debiter, & où il est difficile de les porter à droiture à cause des risques des Corsaires Ennemis; Sa Majesté leur auroit accordé jusqu'au premier May de la presente année, la Faculté de faire passer lesdites Marchandises debout & sans Entrepost jusqu'audit Marseille, sans payer aucuns autres Droits que ceux qu'ils auroient payé en les faisant Sortir hors du Royaume par Mer : Et Sadite Majesté ayant esté informée que le temps qui reste à expirer dudit delay, n'est pas suffisant pour décharger lesdits Negocians desdites Toilles, Chappeaux & Dentelles qui leur seront restez; & pour les engagemens qu'ils ont pris d'en continuer la Fabrique. A quoy voulant pourvoir, & leur donner des assurances d'un nouveau delay. SA MAJESTE' ESTANT EN SON CONSEIL, A ORDONNE' & Ordonne, Que jusqu'au premier May de l'année prochaine 1696. ceux qui voudront porter à Marseille desdites Toilles, des Chappeaux de Castor à l'Espagnolle, & des Dentelles de Soye, en feront Declaration de la quantité & qualité au premier Bureau de la Route, où ils ne payeront autres ny plus grands Droits que ceux qu'il auroient payé pour faire Sortir lesdites Toilles, Chappeaux & Dentelles hors du Royaume par Mer; Auquel Bureau les Balles & Ballots seront plombez & enficelez, & passeront debout & sans Entrepost jusqu'à ladite Ville de Marseille, sur les Acquits de payement desdits Droits, & sur les Soumissions que les Marchands feront esdits Bureaux, de rapporter dans deux mois Certificat du Passage, signé par les Commis des Cinq grosses Fermes, des Bureaux de Lyon, Valence, & des environs de ladite Ville de Marseille, & de la Décharge dans icelle; Sans que par lesdits Commis il puisse leur estre demandé aucuns Droits quels qu'ils puissent estre, ny pour aucuns Peages, Octrois, & autres generalement, dont Sa Majesté les a Déchargé; FAISANT défenses à tous ses Fermiers, aux Proprietaires & Engagistes desdits Peages & Octrois, & tous autres d'en exiger aucuns pendant ledit temps, à peine de Concussion. ENJOINT Sadite Majesté aux Intendans & Commissaires départis dans les Provinces, & à tous ses Officiers & Sujets, de tenir la main à l'execution du present Arrest, nonobstant Oppositions ou Empeschemens quelconques, pour lesquels ne sera differé. FAIT au Conseil d'Estat du Roy, Sa Majesté y estant, tenu à Versailles, le vingt-septiéme Avril mil six cens quatre-vingt-quinze. Signé, PHELYPEAUX.

ARREST
DU CONSEIL D'ESTAT DU ROY,
SA MAJESTE' Y ESTANT,

Du vingt-sept Avril 1695.

QUI ORDONNE, Que les Laines d'Espagne, destinées pour les Provinces de l'Etenduë des Cinq grosses Fermes, venant par Terre, par Bayonne ou par Bordeaux, durant la presente année, ne payeront pour tous Droits d'Entrée, que ceux portez par le Tarif de 1664. de mesme que si elles estoient venuës à Roüen, ou autres Ports sujets aux Cinq grosses Fermes.

Extrait des Registres du Conseil d'Estat.

LE ROY ayant par plusieurs Arrest de son Conseil, Permis aux Marchands & Negocians qui feront le Commerce des Laines d'Espagne, de les faire venir par Terre, dans l'étenduë des Cinq grosses Fermes, par Bayonne ou par Bordeaux, en payant seulement les Droits d'Entrée portez par Tarif du dix-huit Septembre 1664. de mesme que si lesdites Laines estoient venuës à droiture par Roüen, ou autres Ports des Provinces sujettes aux Cinq grosses Fermes : Et voulant en faveur des Marchands de Draperie du Royaume, continuer la mesme Permission pendant la presente année 1695. Oüy le Rapport du Sieur Phelypeaux de Pontchartrain, Conseiller Ordinaire au Conseil Royal, Contrôlleur General des Finances. SA MAJESTE' ESTANT EN SON CONSEIL, A ORDONNE' & Ordonne, Que les Laines d'Espagne, destinées pour les Provinces qui seront dans l'étenduë des Cinq grosses Fermes, venant par Terre, par Bayonne ou par Bordeaux, durant la presente année 1695. ne payeront pour tous Droits d'Entrées, que ceux portez par le Tarif du dix-huit Septembre 1664. de mesme que si elles estoient venuës à droiture par Roüen, ou autres Ports des Provinces sujettes aux Cinq grosses Fermes. FAIT Sa Majesté défenses à Maistre Pierre Pointeau, Fermier general des Cinq grosses Fermes, & autres Fermes Unies, ses Procureurs & Commis, d'exiger d'autres Droits sur lesdites Laines, à peine de Concussion. ENJOINT aux Sieurs Intendans & Commissaires Départis dans les Provinces & Generalitez du Royaume, mesme aux Juges des Fermes où ils sont establis, de tenir la main à l'execution du present Arrest, qui sera lû, publié & affiché par tout où besoin sera. FAIT au Conseil d'Estat du Roy, Sa Majesté y estant tenu à Versailles, le vingt-septiéme jour d'Avril mil six cens quatre-vingt-quinze. Signé, PHELYPEAUX.

ARREST
DU CONSEIL D'ESTAT DU ROY,
SA MAJESTÉ Y ESTANT,

Du vingt-huit Mars 1696.

QUI ORDONNE, Que les Laines d'Espagne, destinées pour les Provinces des Cinq grosses Fermes, venant par Terre, par Bayonne ou par Bordeaux, durant la presente année, ne payeront pour tous Droits d'Entrée, que ceux portez par le Tarif du dix-huit Septembre 1664. de mesme que si elles estoient venuës à droiture par Roüen, ou autres Ports sujets ausdites Cinq grosses Fermes.

Extrait des Registres du Conseil d'Estat.

LE ROY ayant par plusieurs Arrests de son Conseil, Permis aux Marchands qui font le Commerce des Laines d'Espagne, de les faire venir par Terre dans l'étenduë des Cinq grosses Fermes, par Bayonne & par Bordeaux, en payant seulement les Droits d'Entrée portez par le Tarif du dix-huit Septembre 1664. de mesme que si lesdites Laines estoient venuës à droiture re à Roüen, ou autres Ports des Provinces sujettes aux Cinq grosses Fermes : Et voulant en faveur des Marchands de Draperie du Royaume, continuer la mesme Permission pendant la presente année 1696. OÜY le Rapport du Sieur Phelypeaux de Pontchartrain, Conseiller ordinaire au Conseil Royal, Contrôlleur General des Finances. SA MAJESTE' ESTANT EN SON CONSEIL, A ORDONNE' & Ordonne, Que les Lai-d'Espagne destinées pour les Provinces qui seront dans les Cinq grosses Fermes, venant par Terre, par Bayonne ou par Bordeaux, durant la presente année 1696. ne payeront pour tous Droits d'Entrée, que ceux portez par le Tarif du dix-huit Septembre 1664. de mesme que si elles estoient venuës à droiture par Roüen, ou autres Ports des Provinces sujettes aux Cinq grosses Fermes. FAIT Sa Majesté défenses à Maistre Pierre Pointeau, Fermier General desdites Cinq grosses Fermes, & autres Unies, ses Procureurs & Commis, d'exiger d'autres Droits sur lesdites Laines, à peine de Concussion. ENJOINT aux Sieurs Intendans & Commissaires départis dans les Provinces & Generalitez du Royaume, mesme aux Juges des Fermes où ils sont establis, de tenir la main à l'execution du present Arrest, qui sera lû, publié & affiché par tout où besoin sera. FAIT au Conseil d'Estat du Roy, Sa Majesté y estant, tenu à Versailles, le vingt-huitiéme jour de Mars mil six cens quatre-vingt-seize, Signé, PHELYPEAUX.

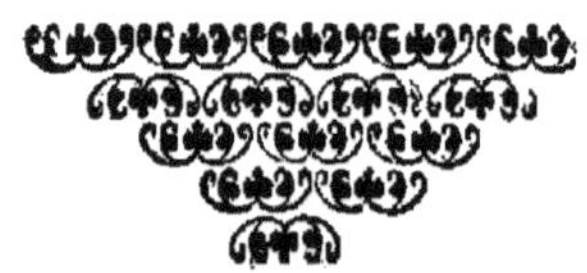

ARREST

ARREST

DU CONSEIL D'ESTAT DU ROY,

SA MAJESTÉ Y ESTANT,

Du cinquiéme Juin 1696.

QUI Permet jusqu'au premier May de l'année prochaine 1697. de faire passer debout & sans Entrepost jusqu'à Marseille, des Toilles, des Chappeaux de Castor à l'Espagnolle, & des Dentelles de Soye ; En faisant Declaration de la quantité & qualité au premier Bureau de la Route, où ils ne payeront autres ny plus grands Droits que ceux qu'ils auroient payé pour les faire Sortir hors du Royaume par Mer.

Extrait des Registres du Conseil d'Estat.

LE ROY s'estant fait representer les Arrests rendus en son Conseil, les vingt-deux Février, vingt-huit Aoust 1691. huit Novembre 1692. quatorze Avril 1693. premier Avril 1694. & 27. Avril 1695. Par lesquels pour faciliter le Commerce de ses Sujets dans le transport des Toilles de Normandie, Bretagne, & Laval, des Chappeaux de Castor à l'Espagnolle, & des Dentelles de Soye par Marseille, dans les Païs Estrangers, où ils ont accoûtumé de les debiter, & où il leur est difficile de les porter à droiture, à cause des risques des Corsaires Ennemis ; Sa Majesté leur auroit accordé jusqu'au premier May de la presente année, la faculté de faire passer lesdites Marchandises debout & sans Entrepost jusqu'à Marseille, sans payer aucuns autres Droits que ceux qu'ils auroient payé en les faisant Sortir hors du Royaume par Mer. Et Sa Majesté informée que le délay porté par ledit Arrest du 27. Avril 1695. n'a pû suffire pour décharger les Negocians desdites Toilles, Chappeaux & Dentelles qui leur seront restez; & pour les Engagemens qu'ils ont pris d'en continuer la Fabrique, voulant y pourvoir, & leur donner des assurances d'un nouveau délay. SA MAJESTE' ESTANT EN SON CONSEIL, A ORDONNE' & Ordonne, Que jusqu'au premier May de l'année prochaine 1697. ceux qui voudront porter à Marseille des Toilles de Normandie, de Bretagne & de Laval, des Chappeaux de Castor à l'Espagnolle, & des Dentelles de Soye, feront Declaration de la quantité & qualité de ces Marchandises au premier Bureau de la Route, où ils ne payeront autres ny plus grands Droits que ceux qu'ils auroient payé pour les faire Sortir hors du Royaume par Mer; Auquel Bureau les Balles & Ballots seront plombez & enficelez, & passeront debout & sans Entrepost jusqu'à la Ville de Marseille, sur les Acquits de payement desdits Droits, & sur les Soûmissions que les Marchands feront audit Bureau de rapporter dans deux mois, Certificat du passage signé par les Commis des Cinq grosses Fermes, des Bureaux de Lyon, de Valence, & des environs de Marseille; & de la Décharge d'icelles, sans que par lesdits Commis il puisse leur estre demandé aucuns Droits tels qu'ils puissent estre, ny pour aucuns Peages, Octrois, & autres generalement dont Sa Majesté les a Déchargé. FAISANT défenses à tous ses Fermiers, aux Proprietaires & Engagistes de Peages, Octrois, & tous autres, d'en exiger aucuns pendant ledit temps, à peine de Concussion. ENJOINT Sa Majesté aux Intendans & Commissaires départis dans les Provinces, & à tous ses Officiers & Sujets de tenir la main à l'execution du present Arrest, nonobstant Oppositions ou Empeschemens quelconques, pour lesquelles ne sera differé. FAIT au Conseil d'Estat du Roy, Sa Majesté y Estant, tenu à Marly, le cinquiéme jour de Juin mil six cens quatre-vingt-seize. Signé, PHELYPEAUX.

ARREST
DU CONSEIL D'ESTAT DU ROY,
SA MAJESTÉ Y ESTANT.

Du quatriéme Juin 1697.

QUI Permet jusqu'au premier May de l'année prochaine 1698. de faire passer debout & sans Entrepost jusqu'à Marseille, des Toilles, des Chappeaux de Castor à l'Espagnolle, & des Dentelles de Soye ; En faisant Declaration de la quantité & qualité au premier Bureau de la Route, où ils ne payeront autres ny plus grands Droits que ceux qu'ils auroient payé pour les faire Sortir hors du Royaume par Mer.

Extrait des Registres du Conseil d'Estat.

LE ROY s'estant fait representer les Arrests rendus en son Conseil les vingt-deux Février & vingt-huit Aoust 1691. huit Novembre 1692. quatorze Avril 1693. premier Avril 1694. vingt-sept Avril 1695. & cinquiéme Juin 1696. Par lesquels Sa Majesté pour faciliter le Commerce de ses Sujets dans le transport des Toilles de Normandie, Bretagne, & Laval, des Chappeaux de Castor à l'Espagnolle, & des Dentelles de Soye par Marseille, dans les Païs Estrangers, où ils ont accoûtumé de les debiter, & où il leur est difficile de les porter à droiture, à cause des risques des Corsaires Ennemis ; Sa Majesté leur auroit accordé jusqu'au premier May de la presente année la Faculté de faire passer lesdites Marchandises debout & sans Entrepost, jusqu'à Marseille, sans payer aucuns autres Droits que ceux qu'ils auroient payé en les faisant Sortir hors du Royaume par Mer : Et Sa Majesté informée que le délay porté par ledit Arrest du cinquiéme Juin 1696. n'a pû suffire pour décharger les Negocians desdites Toilles,

Chappeaux & Dentelles qui leur sont restez; & pour les Engagemens qu'ils ont pris d'en continuer la Fabrique, voulant y pourvoir, & leur donner des assurances d'un nouveau délay. SA MAJESTE' ESTANT EN SON CONSEIL, A ORDONNE' & Ordonne, Que jusqu'au premier May de l'année prochaine mil six cens quatre-vingt-dix-huit, ceux qui voudront porter à Marseille des Toilles de Normandie, de Bretagne & de Laval, des Chappeaux de Castor à l'Espagnolle, & des Dentelles de Soye, feront Declaration de la quantité & qualité de ces Marchandises, au premier Bureau de la Route, où ils ne payeront autres ny plus grands Droits que ceux qu'ils auroient payé pour les faire Sortir hors du Royaume par Mer; Auquel Bureau les Balles & Ballots seront plombez & enficelez, & passeront debout & sans Entrepost jusqu'à la Ville de Marseille, sur les Acquits de payement desdits Droits, & sur les Soûmissions que les Marchands feront audit Bureau, de rapporter dans deux mois Certificat du passage signé par les Commis des Cinq grosses Fermes, des Bureaux de Lyon, de Valence, & des environs de Marseille, & de la décharge dans icelle Ville; Sans que par lesdits Commis il puisse leur estre demandé aucuns Droits tels qu'ils puissent estre, ny pour aucuns Peages, Octroits, & autres generalement, dont Sa Majesté les a Déchargé; FAISANT défenses à tous ses Fermiers, aux Proprietaires & Engagistes des Peages, Octrois, & tous autres, d'en exiger aucuns pendant ledit temps, à peine de Concussion. ENJOINT Sa Majesté aux Sieurs Intendans & Commissaires départis dans les Provinces; & à tous ses Officiers & Sujets de tenir la main à l'execution du present Arrest, nonobstant Oppositions ou Empeschemens quelconques, pour lesquels ne sera differé. FAIT au Conseil d'Estat du Roy, Sa Majesté y estant, tenu à Marly, le quatriéme Juin mil six cens quatre-vingt-dix-sept. Signé, PHELYPEAUX.

TABLE ALPHABETIQUE,

Des Marchandises, Denrées & Manufactures, sur lesquelles les Droits de Sorties, Entrées & autres du Royaume & des Provinces où les Aydes n'ont Cours, ont esté Diminuez, ou qui ont esté Déchargez & Exemptez d'iceux, par les Arrests contenus en ce Recüeil.

SORTIES.

ENTRE'ES.

NOTA.

Comme on a mis dans le Recüeil cy-devant, plusieurs Arrests Portant Diminution ou Décharge des Droits de Sorties & d'Entrées du Royaume, & autres Droits, sur les Marchandises & Denrées, & pour les temps y specifiez : On a crû qu'il ne seroit pas inutil de mettre icy les Titres en abregé de plusieurs Arrests qui ne sont pas audit Recüeil, qui ont diminué ou Déchargé les Bleds & autres Grains, les Vins, & les

Barques de Vie, desdits **Droits de Sorties d'Entrées**, *& les* **Vaisseaux** *Estrangers des* **Droits de Fret**, *pour servir seulement de* **Memoire** *& donner une teinture des* **Diminutions** *&* **Décharges** *qui avoient esté lors accordées, & qui ne subsistent plus, ainsi qu'il ensuit.*

Bleds & autres Grains.

Par Arrest du Conseil d'Estat, du cinquieme Avril 1687. la Sortie des Bleds, Méteils & autres Grains hors du Royaume, a esté Permise juqu'au dernier Septembre suivant, en payant la moitié des Droits portez par le Tarif du mois de Septembre 1664.

Par Arrest du Conseil, du quinze Juillet 1687. Il a esté Permis à tous les Sujets du Roy, des Provinces de Poitou, Touraine, Anjou, Orleans, Normandie, Picardie, Soissonnois, Champagne, Bourgogne, Bourbonnois, Berry & Auvergne, de Vendre & faire Sortir hors du Royaume, leurs Bleds, Méteils & autres Grains, jusques au dernier Mars suivant, sans payer aucuns Droits.

Par Arrest du Conseil, du vingt-deux Novembre 1687. Il a esté Ordonné, que les Bleds, Méteils & autres Grains, pourront Sortir des Païs de Xaintonge & Aulnix, pour estre portez dans les Païs Estrangers, sans payer aucuns Droits.

Par Arrest du Conseil, du dix-sept Février 1688. Il a esté Permis à tous les Sujets du Roy, des Provinces y specifiées, de vendre & faire Sortir par les Bureaux establis és extremitez d'icelles, leurs Bleds, Méteils & autres Grains, jusqu'au premier Juillet suivant, sans payer aucuns Droits.

Par Arrest du Conseil d'Estat du Roy, du dixiéme Avril 1688. Sa Majesté a Permis à ses Sujets de la Province de Languedoc, de Vendre & faire Sortir par Mer, leurs Bleds, Fromens & autres Grains, jusqu'au premier Juillet suivant, sans payer aucuns Droits.

Par Arrest du Conseil, du quinze Juin 1688. Il a esté Permis de Vendre & faire Sortir des Provinces y spécifiées, les Bleds, Méteils & autres Grains, jusqu'au premier Octobre suivant, sans payer aucuns Droits.

Par Arrest du Conseil, du dernier Aoust 1688. cette Permission a esté continuée jusqu'au premier Juillet suivant, sans payer aucuns Droits.

Par

Par Arrest du Conseil, du huitiéme Mars 1689. cette Permission a esté continuée jusqu'au premiers Juillet suivant, sans payer aucuns Droits.

Et par Arrest du Conseil du vingt-un Juin 1689. cette Permission a esté continuée jusqu'au dernier Decembre suivant, sans payer aucuns Droits.

Fret

NOTA. Par Arrest du Conseil d'Estat, du vingt-huit Decembre 1688. Il a esté Ordonné que pendant six mois, à commencer du premier Janvier 1689. Les Vaisseaux Estrangers qui Entreront & Sortiront des Ports & Havres du Royaume, seront Déchargez du payement de Cinquante sols pour Tonneau de Droit de Fret.

Par Arrest du Conseil, du quatorze May 1689. La Décharge dudit Droit de Fret, sur les Vaisseaux Estrangers, a esté prorogée jusqu'au dernier Decembre suivant.

Par Arrest du Conseil, du dixiéme Janvier 1690. La mesme Décharge a esté continuée jusqu'au premier Juillet suivant.

Et par autre Arrest du Conseil, du dix-huit Juillet 1690. La Décharge dudit Droit de Fret, a esté prorogée jusqu'au premier Janvier de l'année 1691.

Vins.

NOTA. Par Arrest du Conseil, du onziéme Octobre 1687. Il a esté Ordonné qu'il sera fait Diminution, de Quarante sols sur chacun muid de Vin mesure de Paris, & autres Vaisseaux à proportion, qui seront transportez tant par Merque par Terre, par les Provinces de Normandie, Picardie, Soissonnois, Champagne, Bourgogne, Bresse, Poitou, Aunix, Berry, Bourbonnois, Anjou & le Maine, pour estre menez dans les Païs Estrangers ou Provinces reputées Estrangeres, jusqu'au premier Avril suivant.

Par Arrest du Conseil du sixiéme Avril 1688. La Diminution desdits Quarante sols sur chacun muid de Vin, transportez desdites Provinces & menez és Païs Estrangers, a esté prorogée & continuée jusqu'au premier Octobre suivant.

Par Arrest du Conseil, du dernier Aoust 1688. Ladite Diminution a esté prorogée jusqu'au premier Avril suivant.

Et par Arrest du Conseil du huitiéme Mars 1689. La Diminution desdits Quarante sols sur muid de Vin a esté continuée jusqu'au premier Octobre suivant, & non plus.

Vins & Eauës de Vie.

NOTA. Par Arrest du Conseil d'Estat du Roy, du dixiéme Avril 1687. Sa Majesté a prorogé durant six mois, à commencer du prémier jour du present, & qui finiront le premier Octobre suivant, la Réduction & Moderation des Droits qui se levent sur les Vins & Eauës de Vie, Voiturez par la Riviere de Loire, pour estre transportez hors du Royaume, ou dans la Province de Bretagne.

Par Arrest du Conseil du dernier Septembre 1687. Ladite Réduction a esté prorogée jusqu'au premier Avril suivant.

Par Arrest du Conseil du sixiéme Avril 1688. La Réduction desdits Droits a esté continuée jusqu'au premier Octobre suivant.

Par Arrest du Conseil, du dernier Aoust 1688. Ladite Moderation lesdits Vins & Eauës de Vie, a esté prorogée jusquau premier Avril suivant.

Par Arrest du Conseil, du huitiéme Mars 1689. Ladite Réduction a esté continuée jusqu'au premier Octobre suivant.

Par Arrest du Conseil, du sixiéme Septembre 1689. Ladite Modération a esté continuée jusqu'au premier Avril suivant.

Et par Arrest du Conseil, du quatriéme Avril 1690. La Réduction & Moderation des Droits qui se levent sur les Vins & Eauës de Vie voiturez par la Riviere de Loire, pour estre transportez hors du Royaume ou en Bretagne, a esté prorogée & continuée jusqu'au premier Octobre suivant, & non plus.

www.ingramcontent.com/pod-product-compliance
Lightning Source LLC
LaVergne TN
LVHW020029170826
845678LV00001B/174

* 9 7 8 2 3 2 9 7 4 9 2 9 7 *